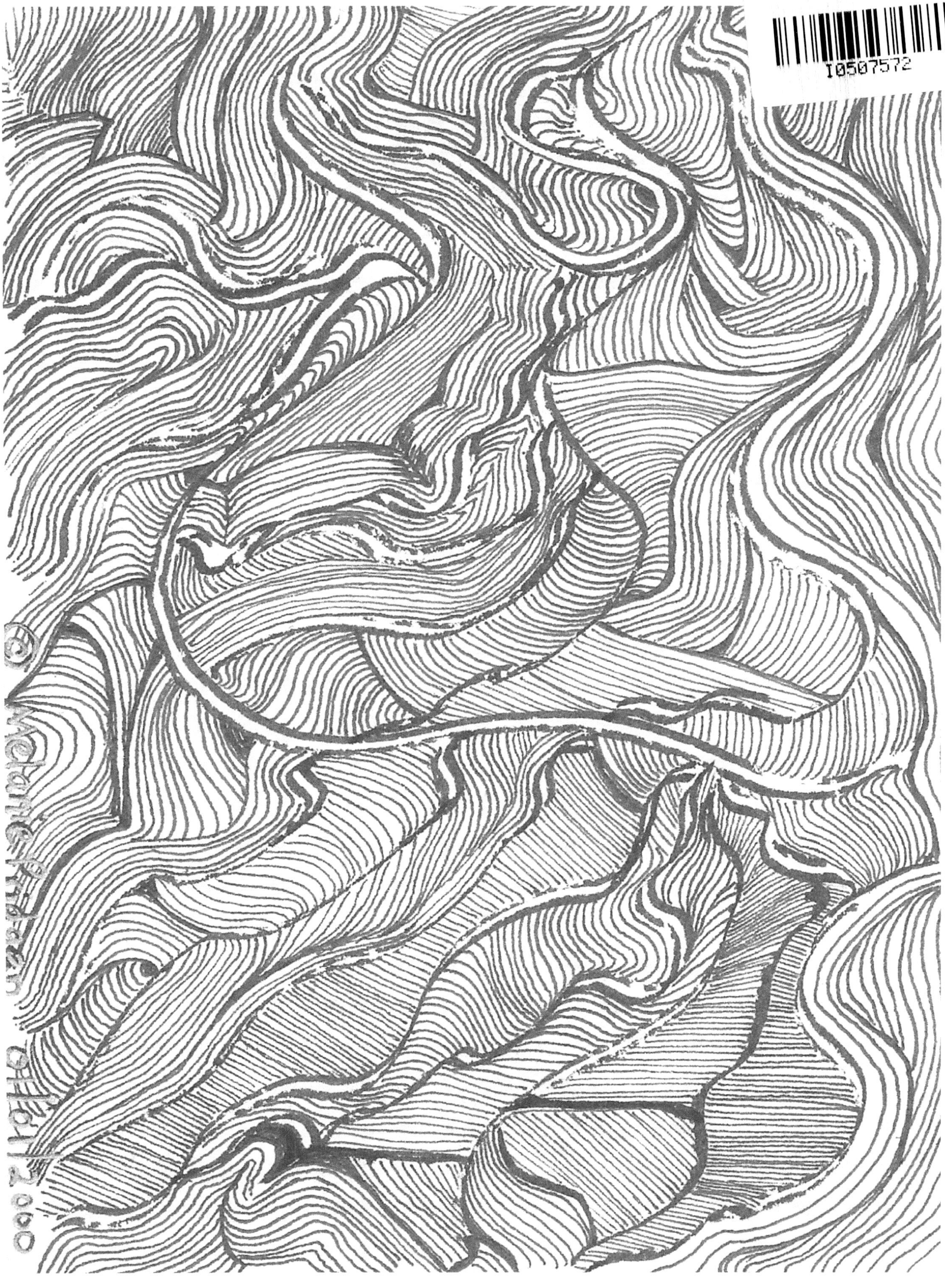

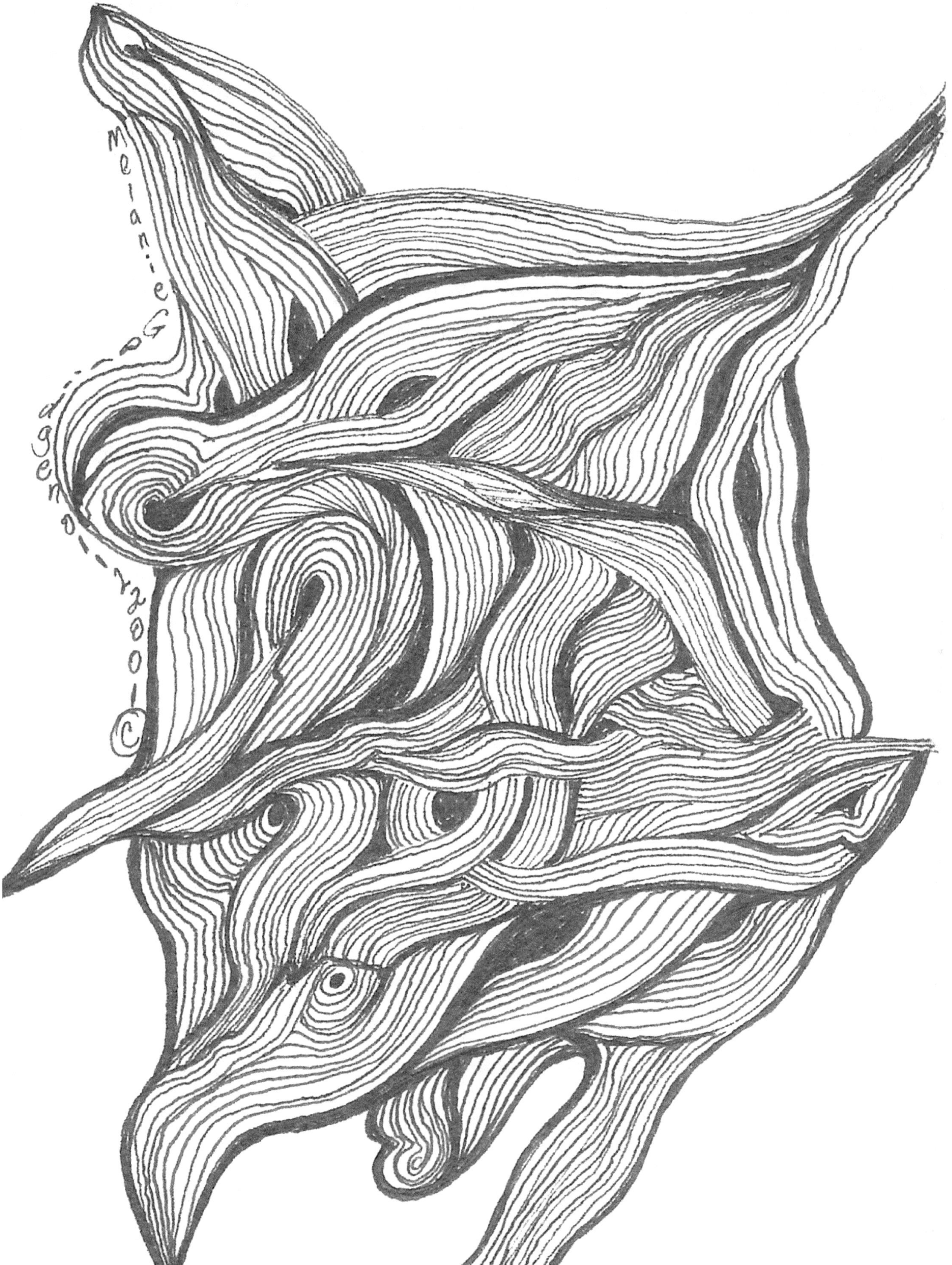

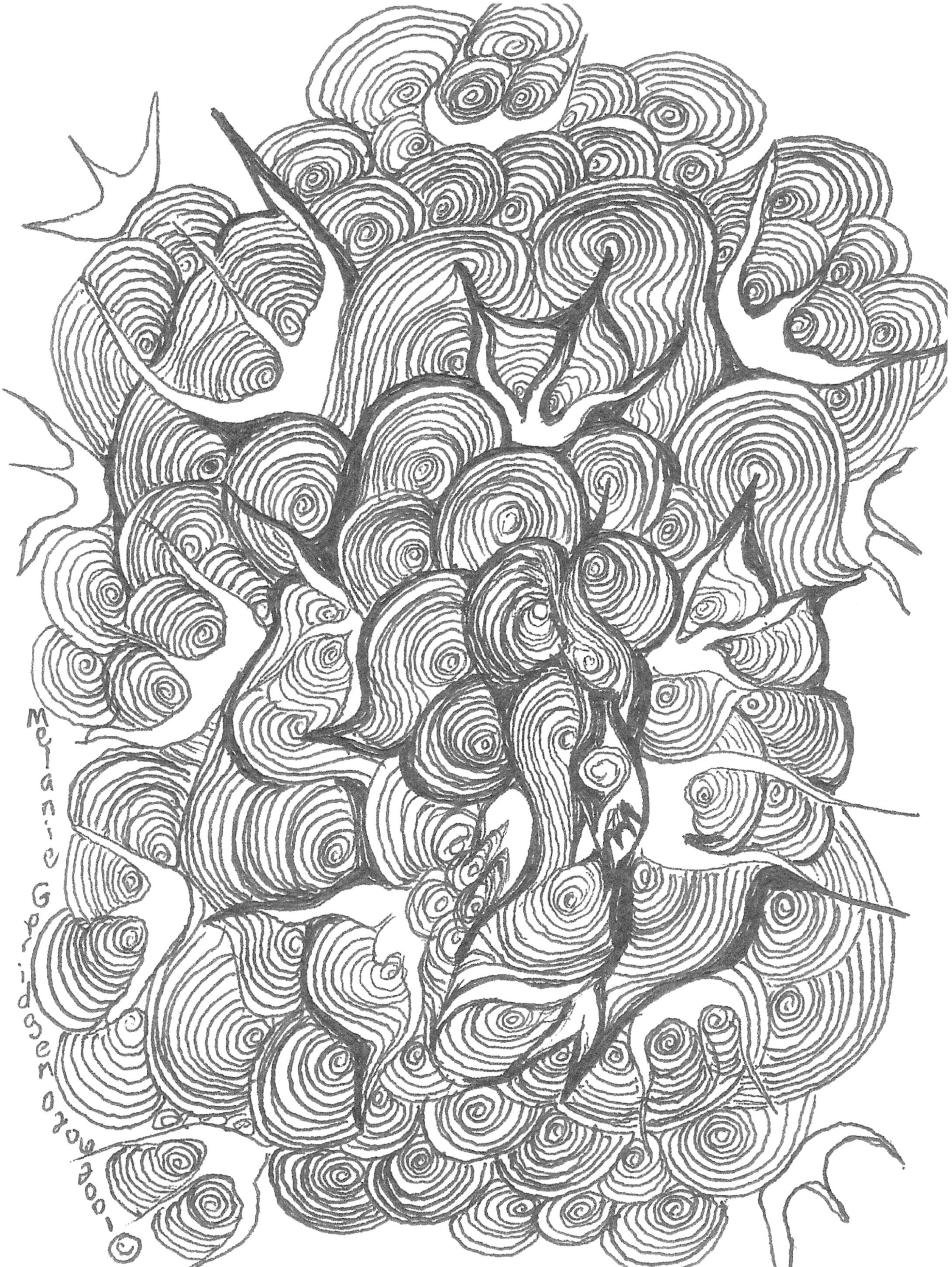

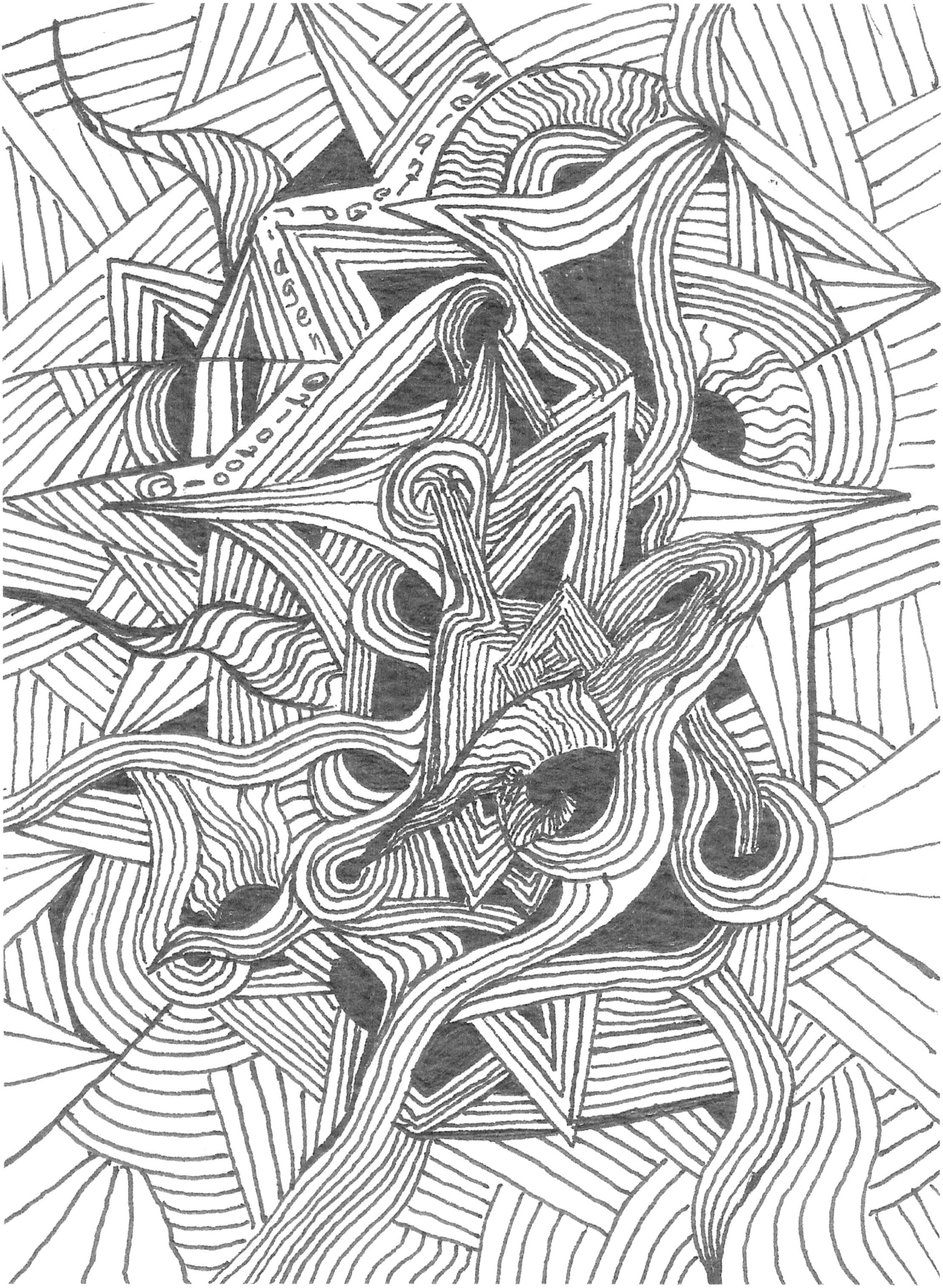

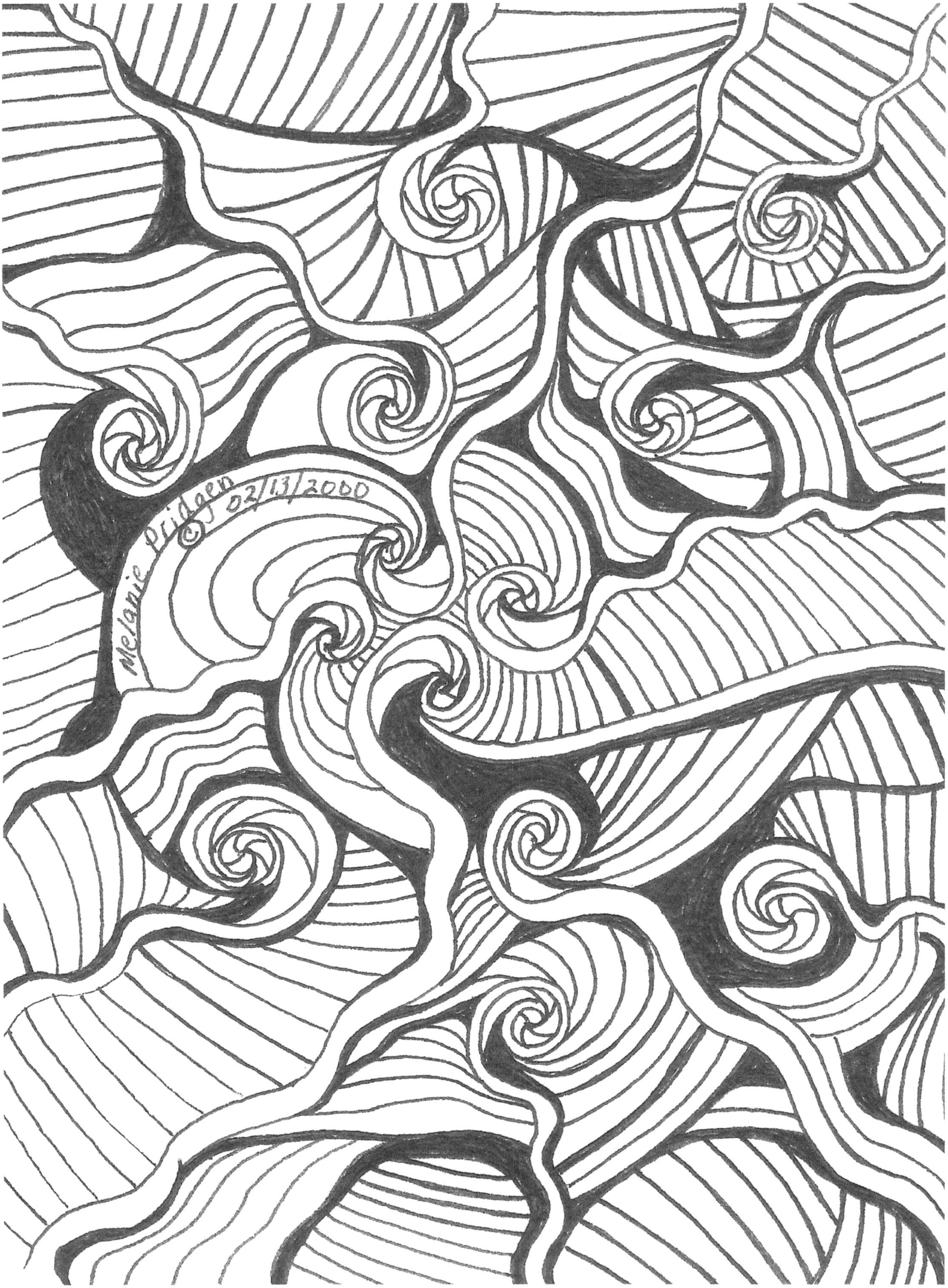
Melanie Pridgen
© 02/13/2000

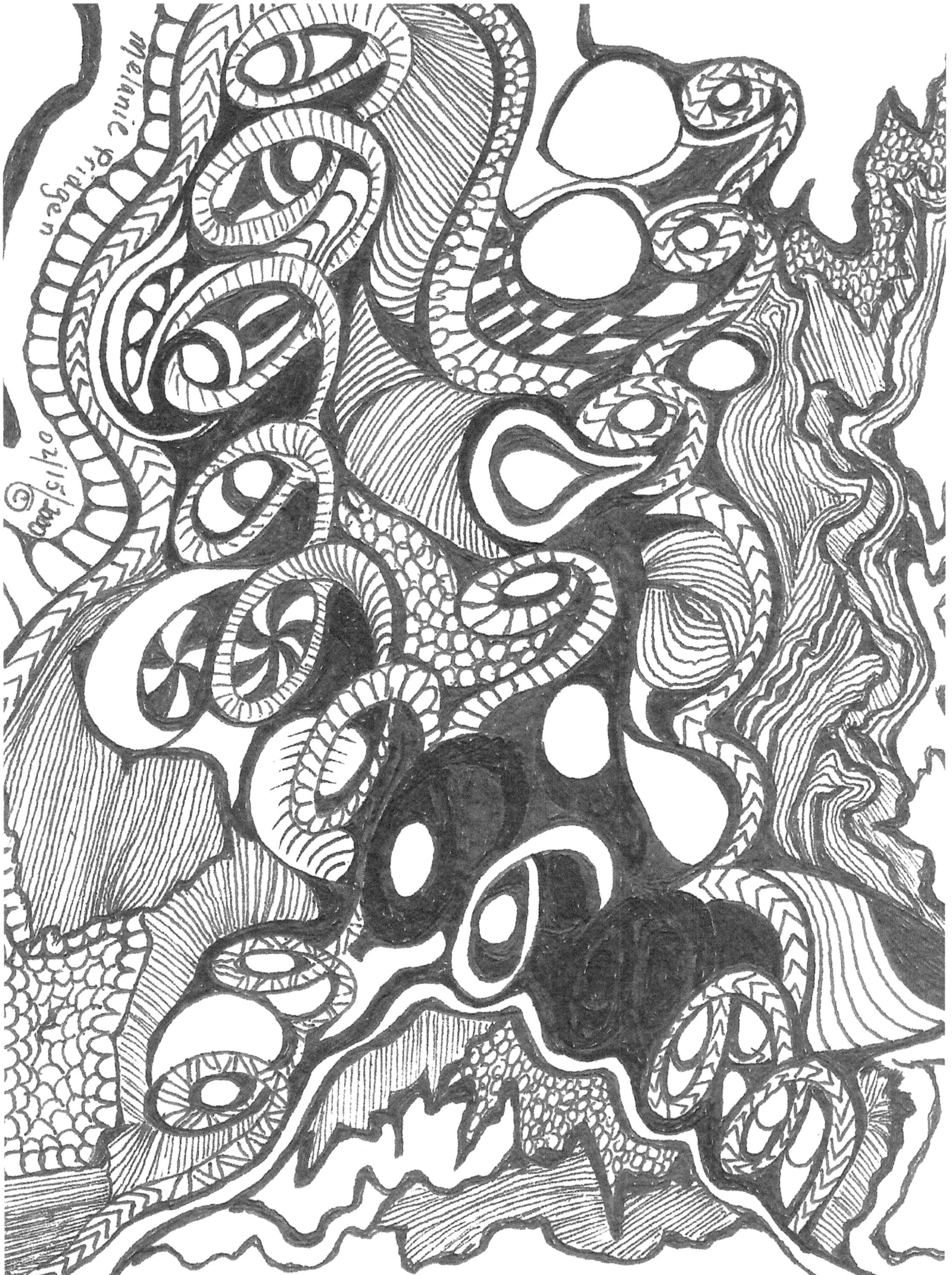
Melanie Fridgen

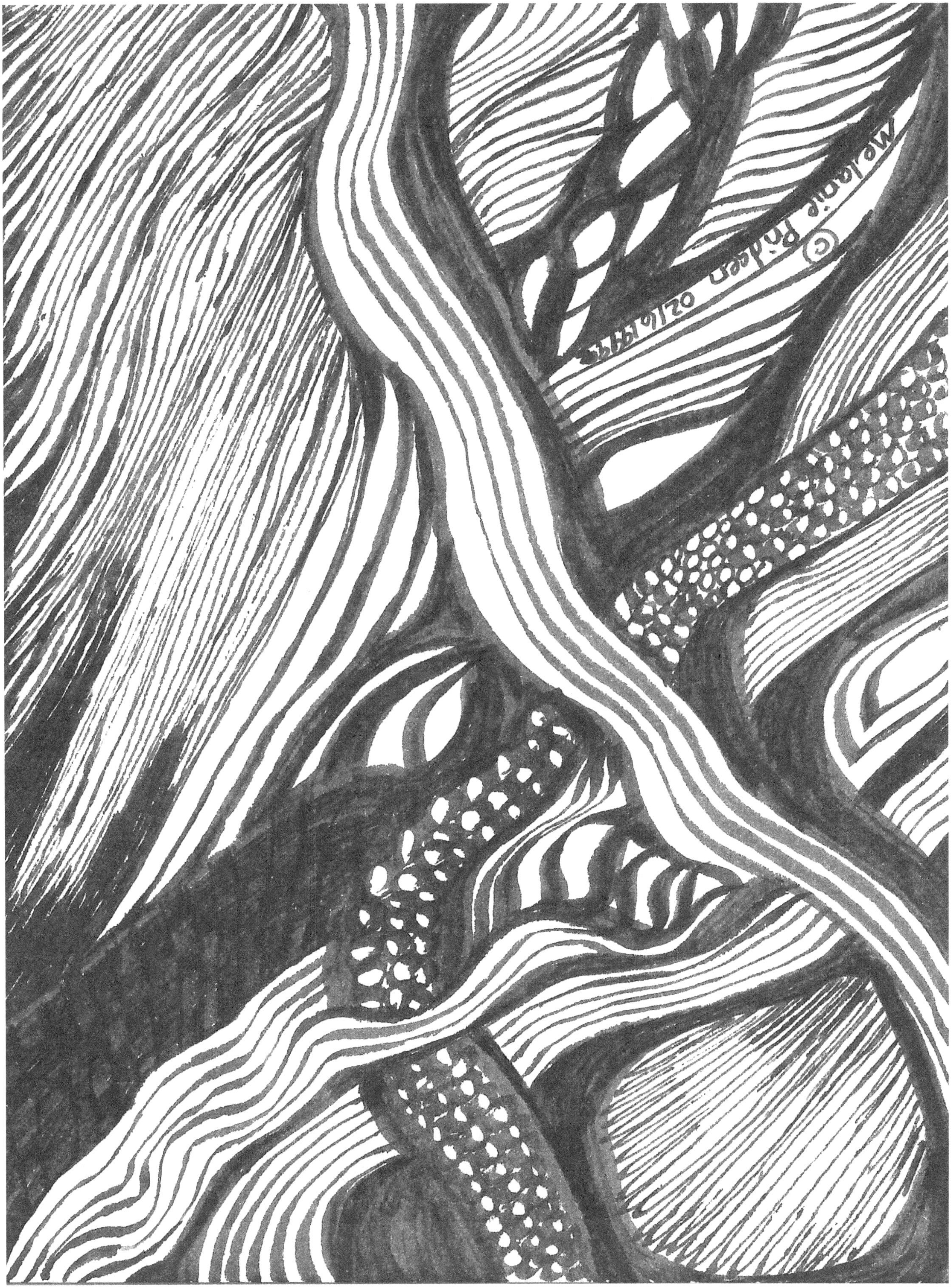
© Melanie Röhleen

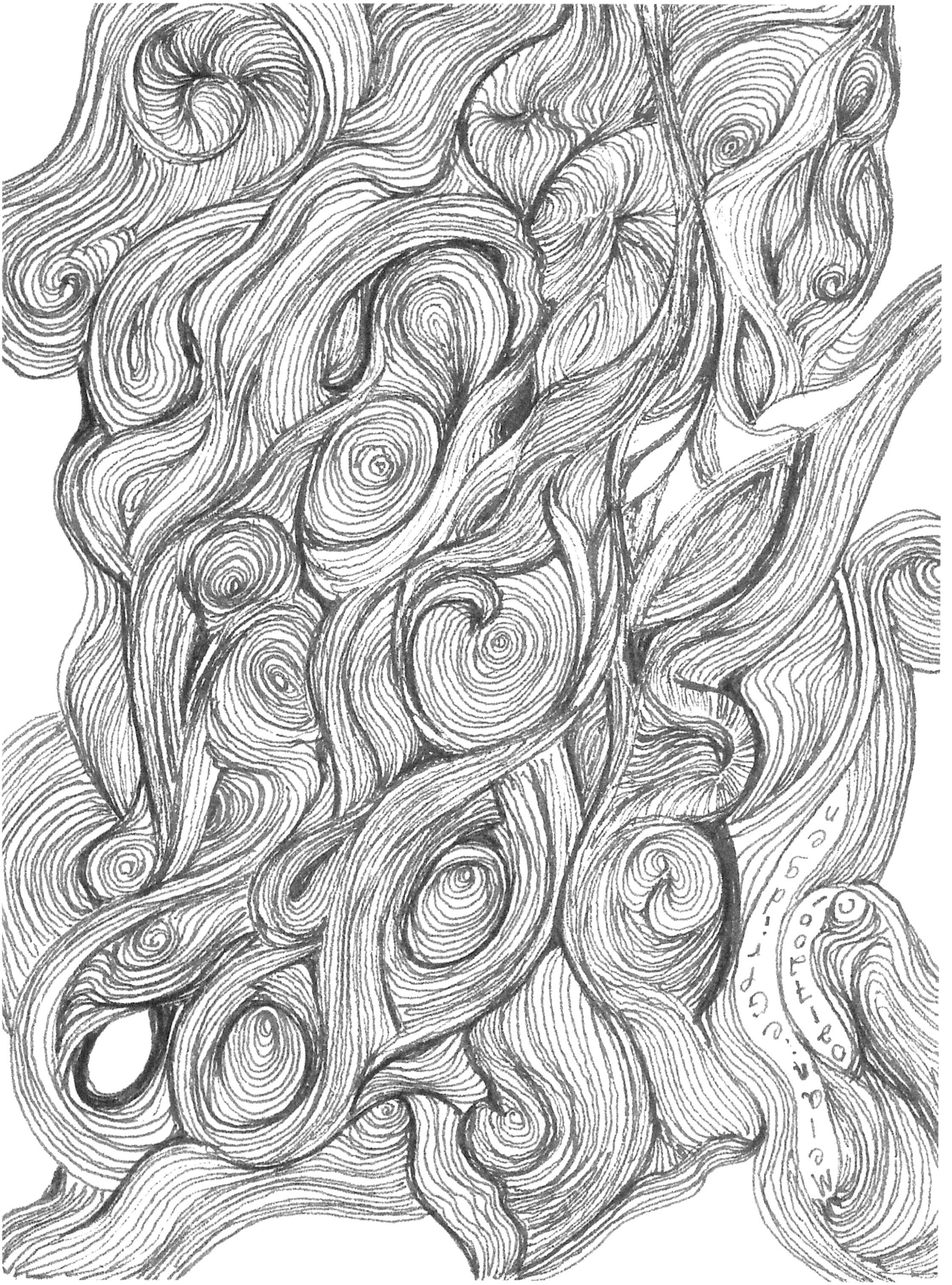

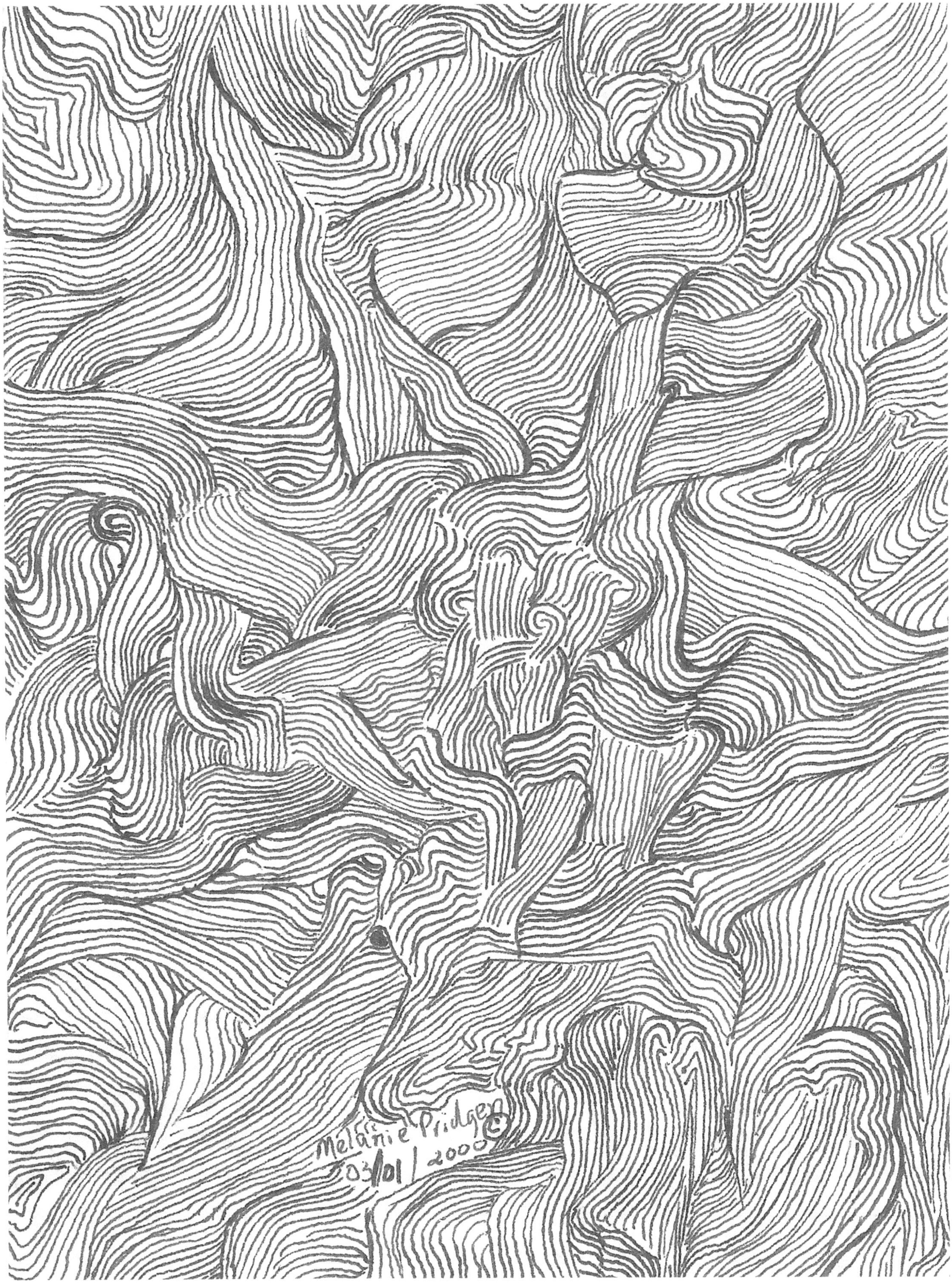
Melanie Pridgen ©
03/01/2000

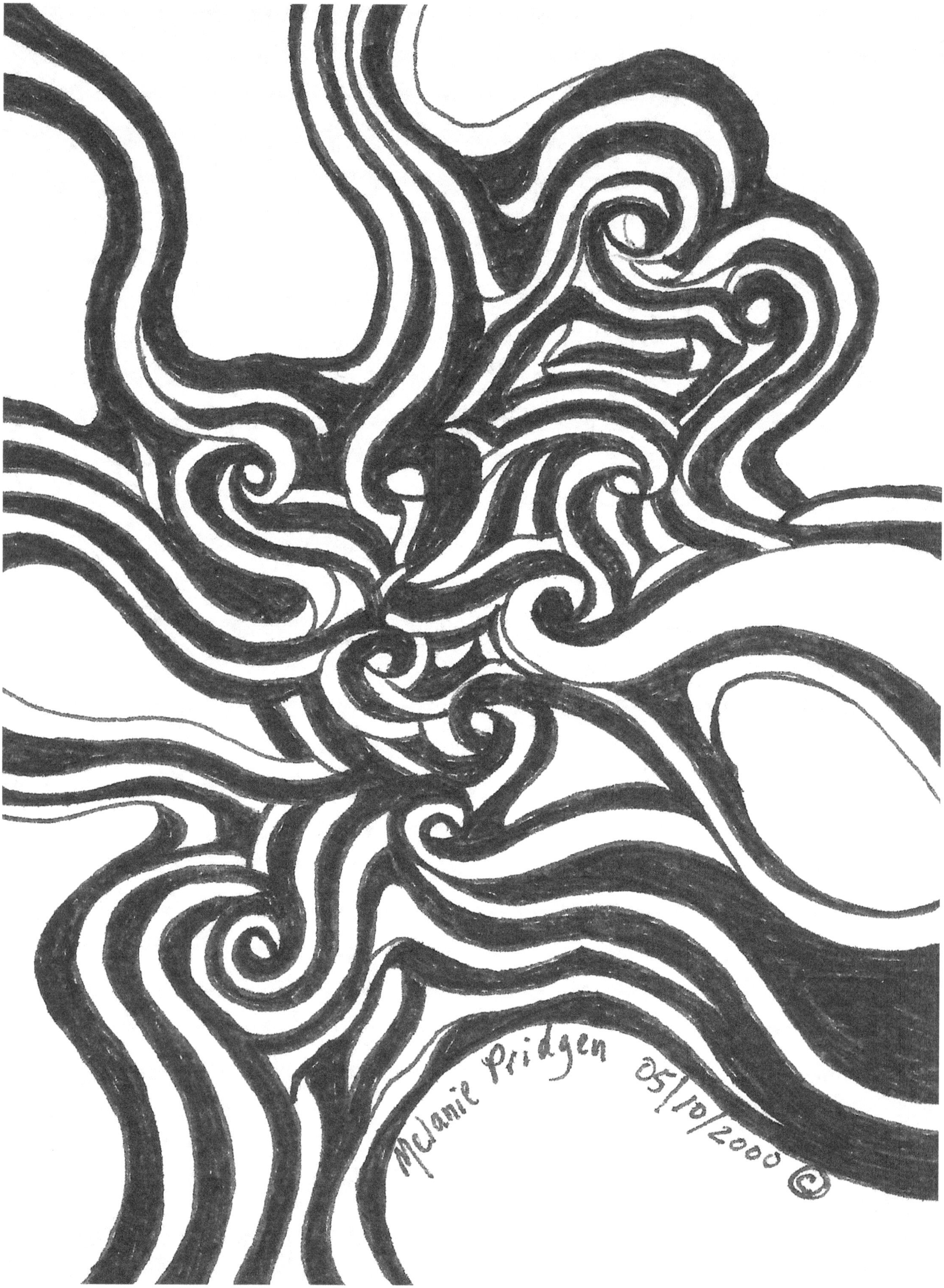
Melanie Pridgen 05/10/2000 ©

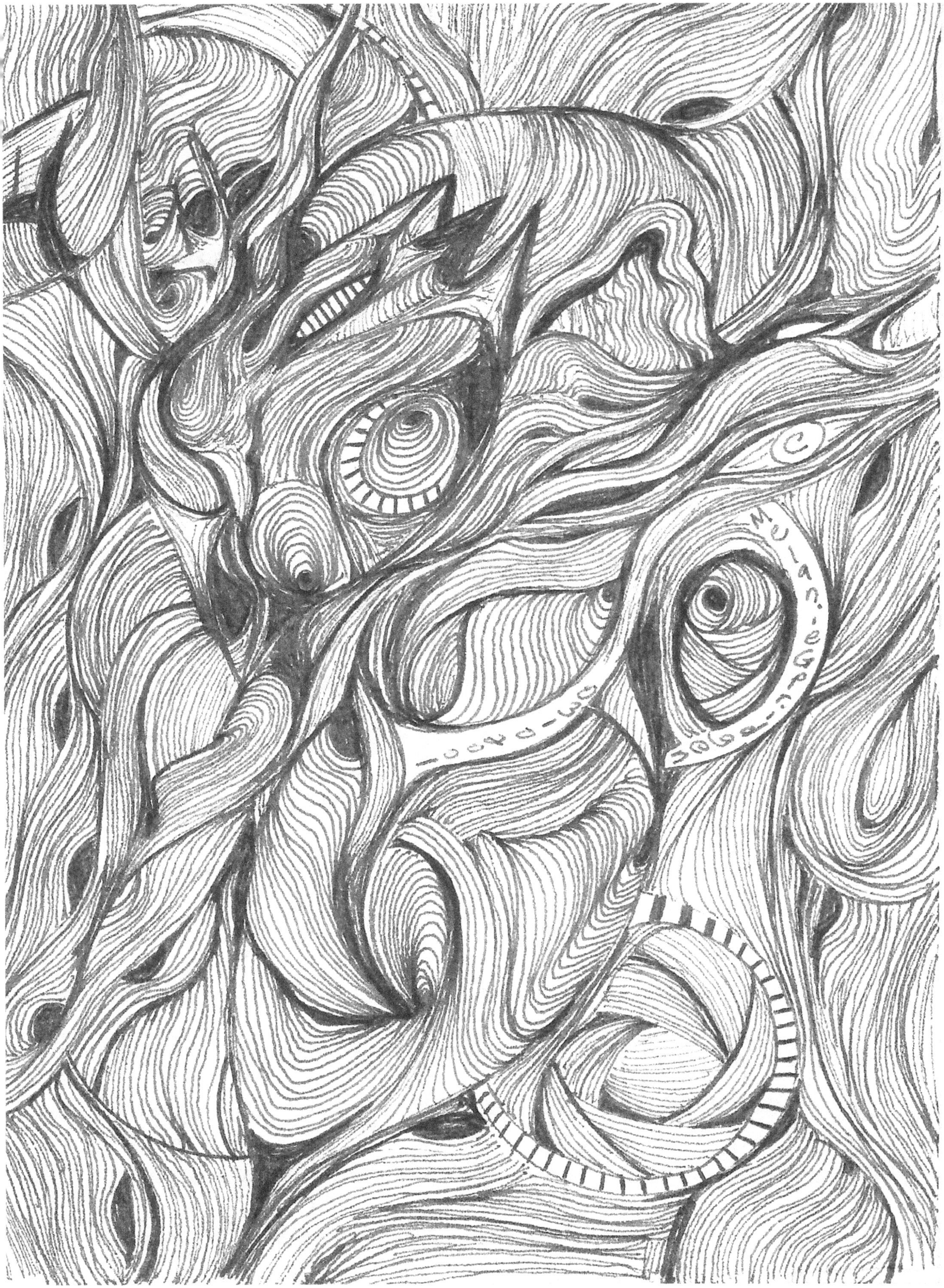

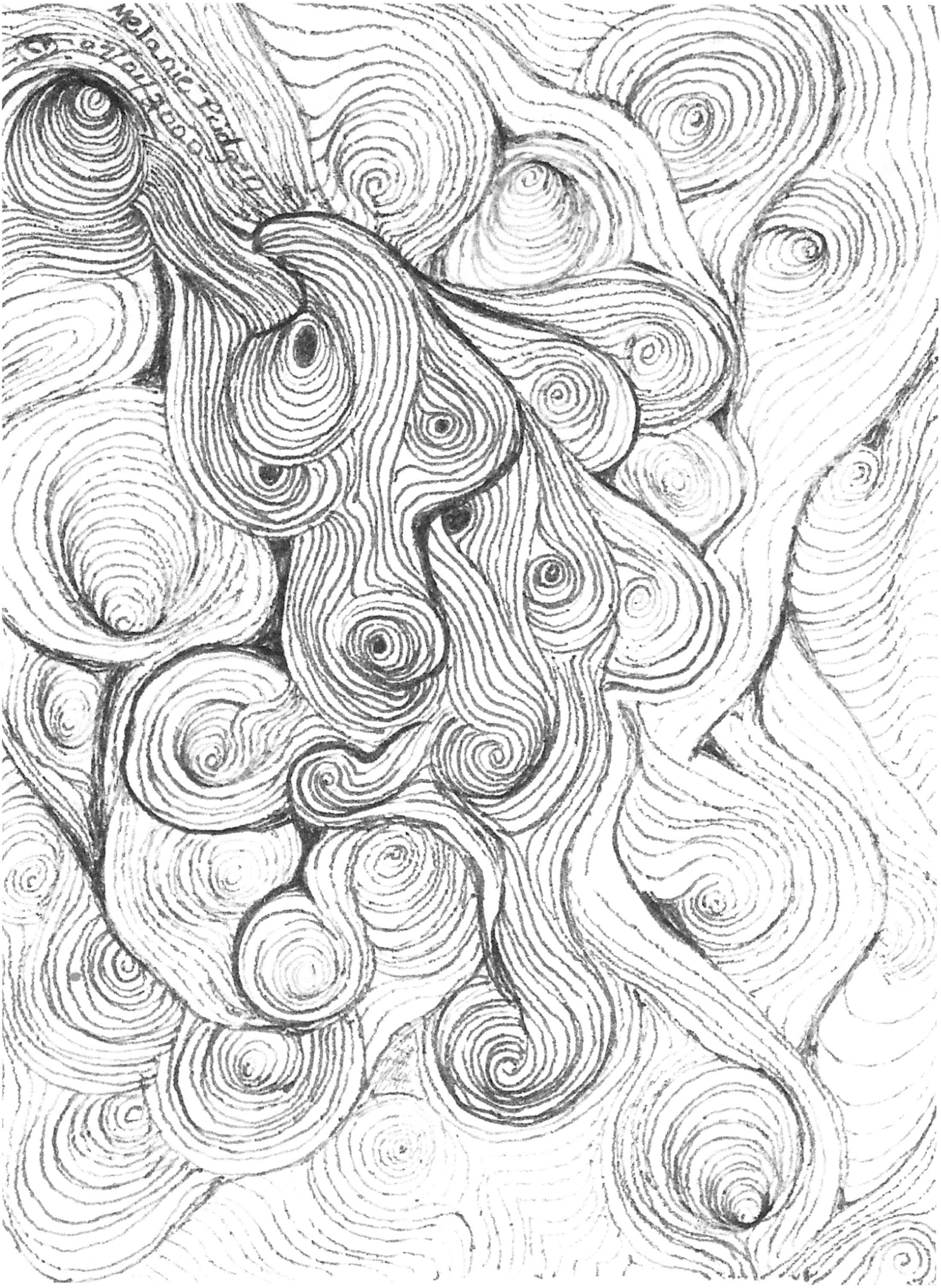
Melanie

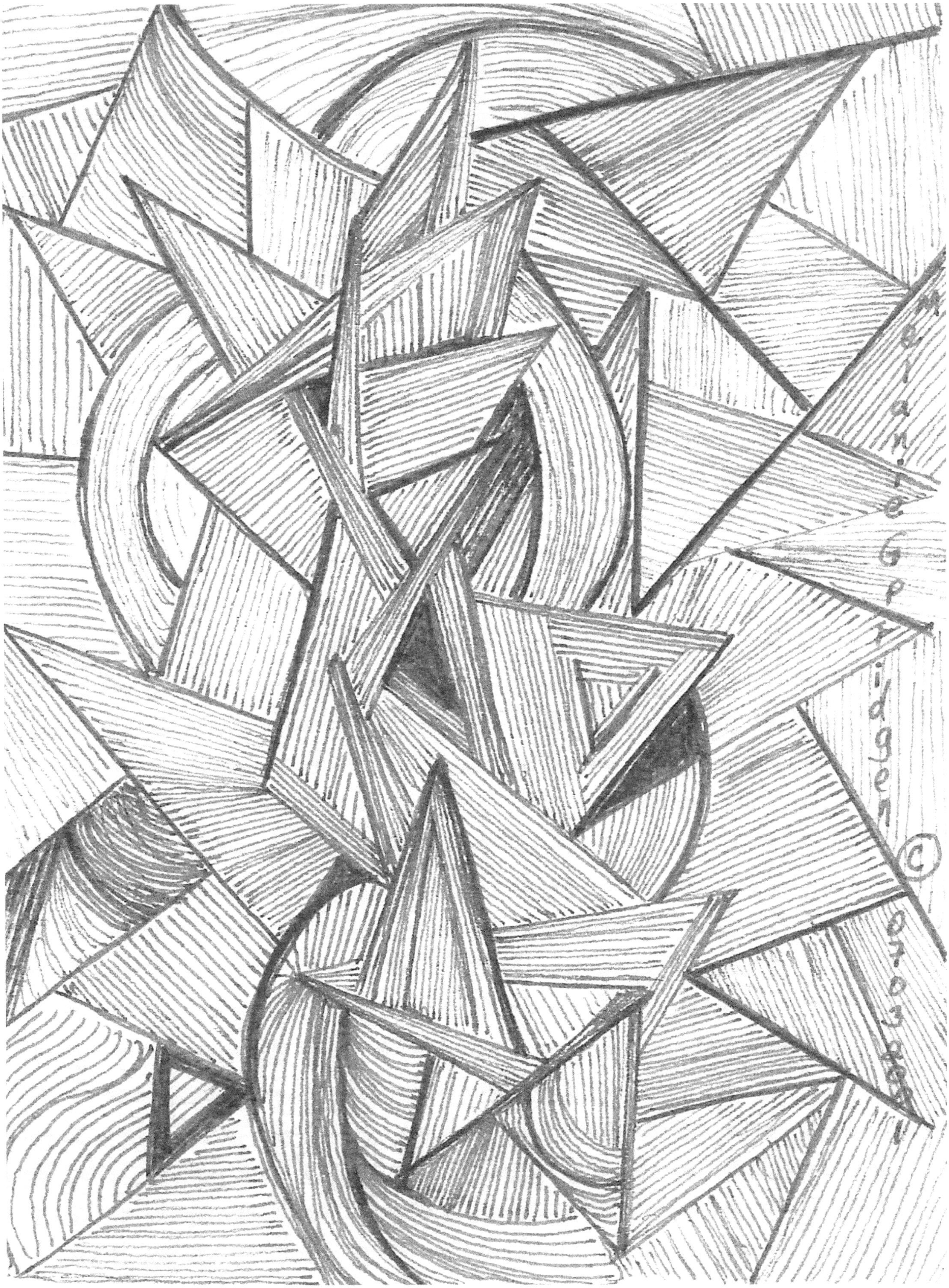
Melanie G Pridgen ©

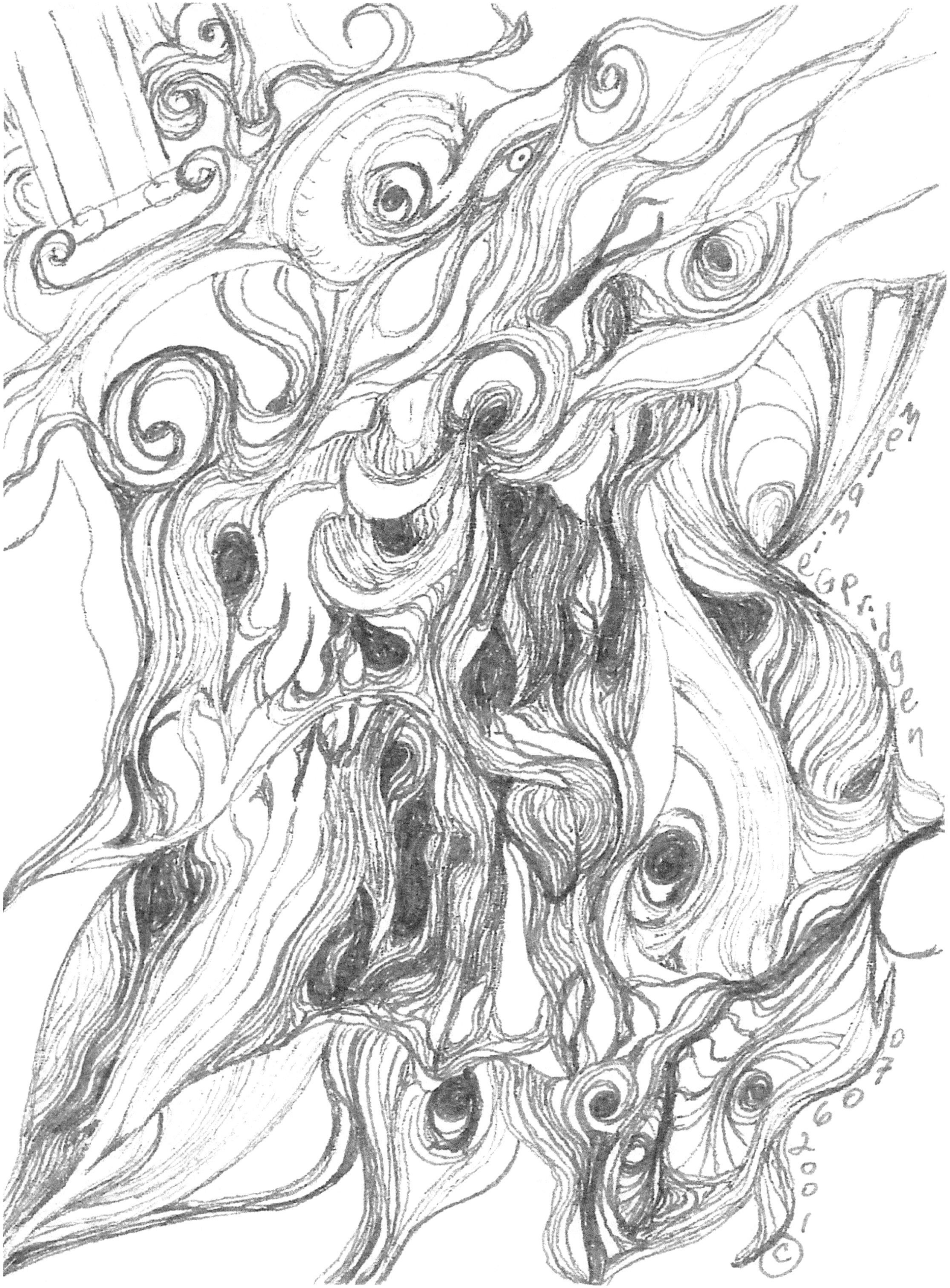

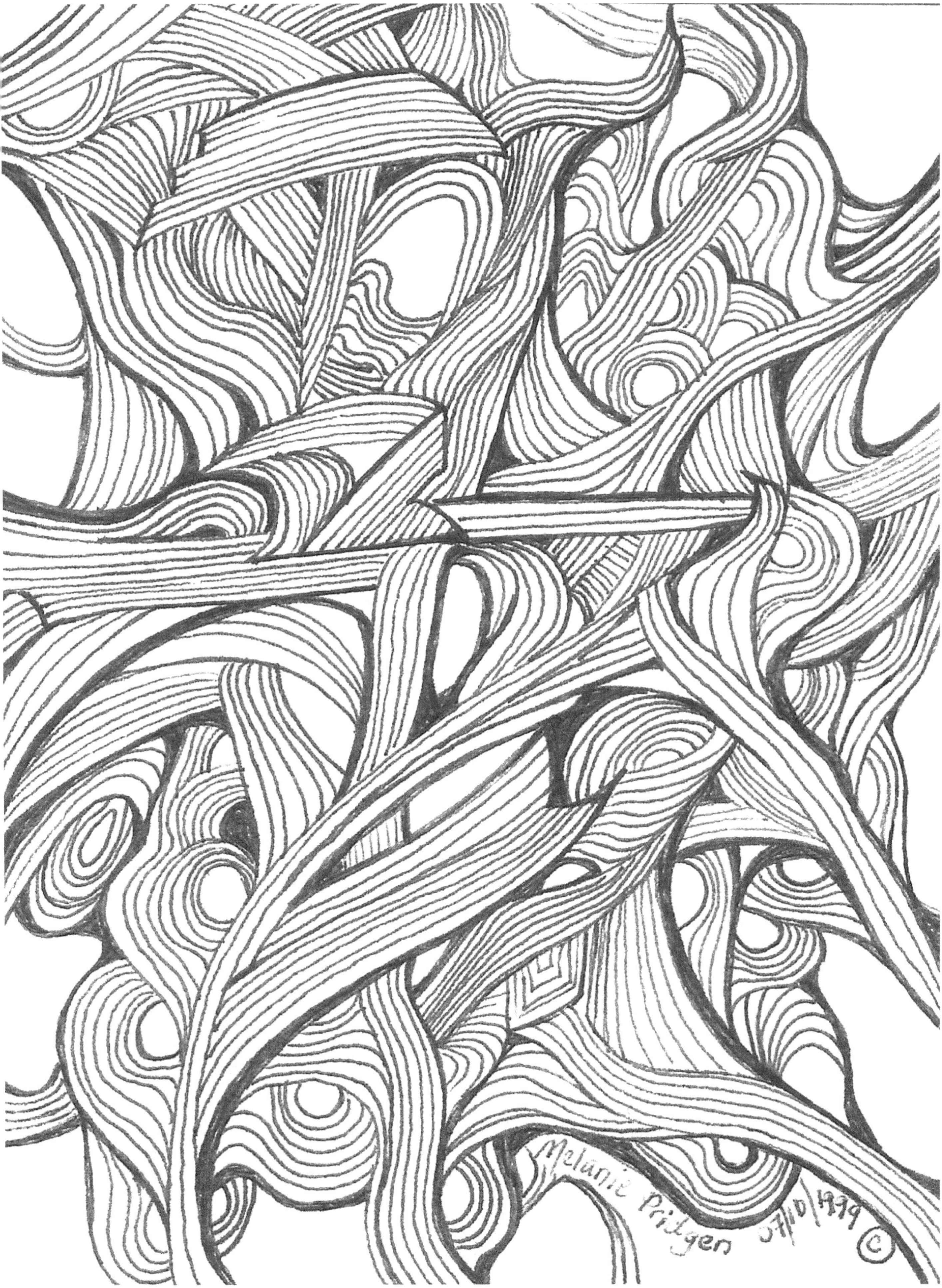
Melanie Pridgen 07/10/1999 ©

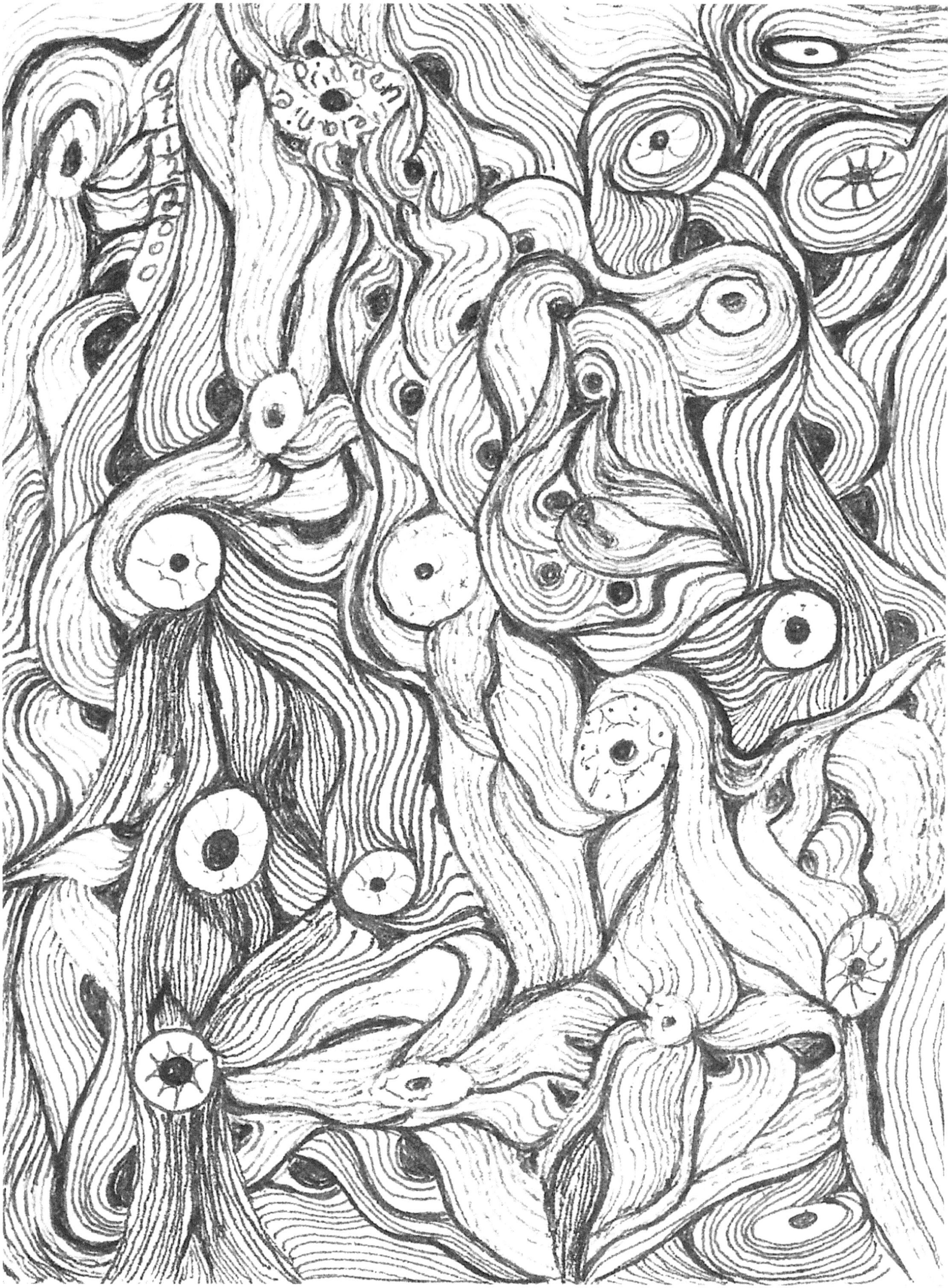

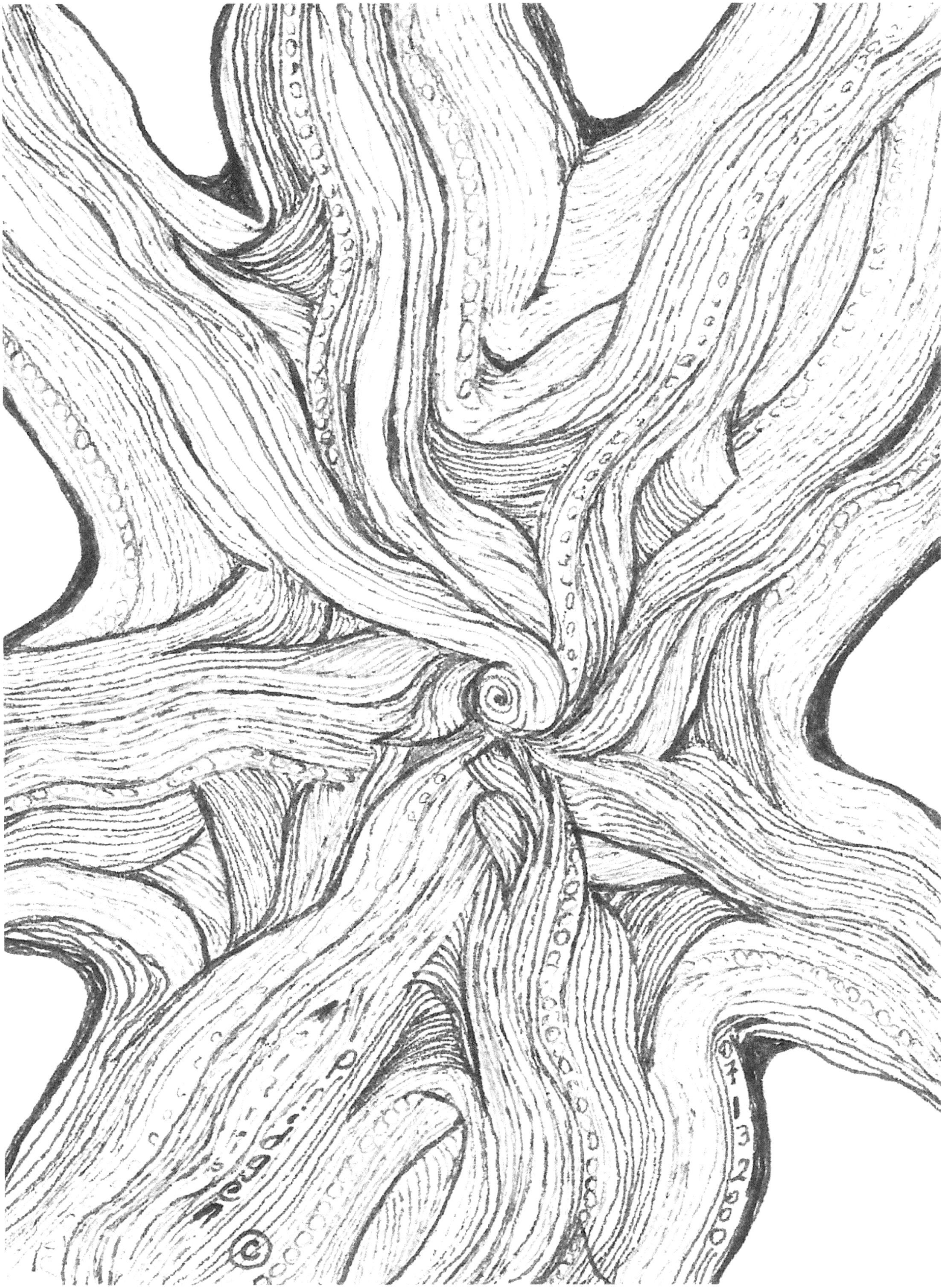

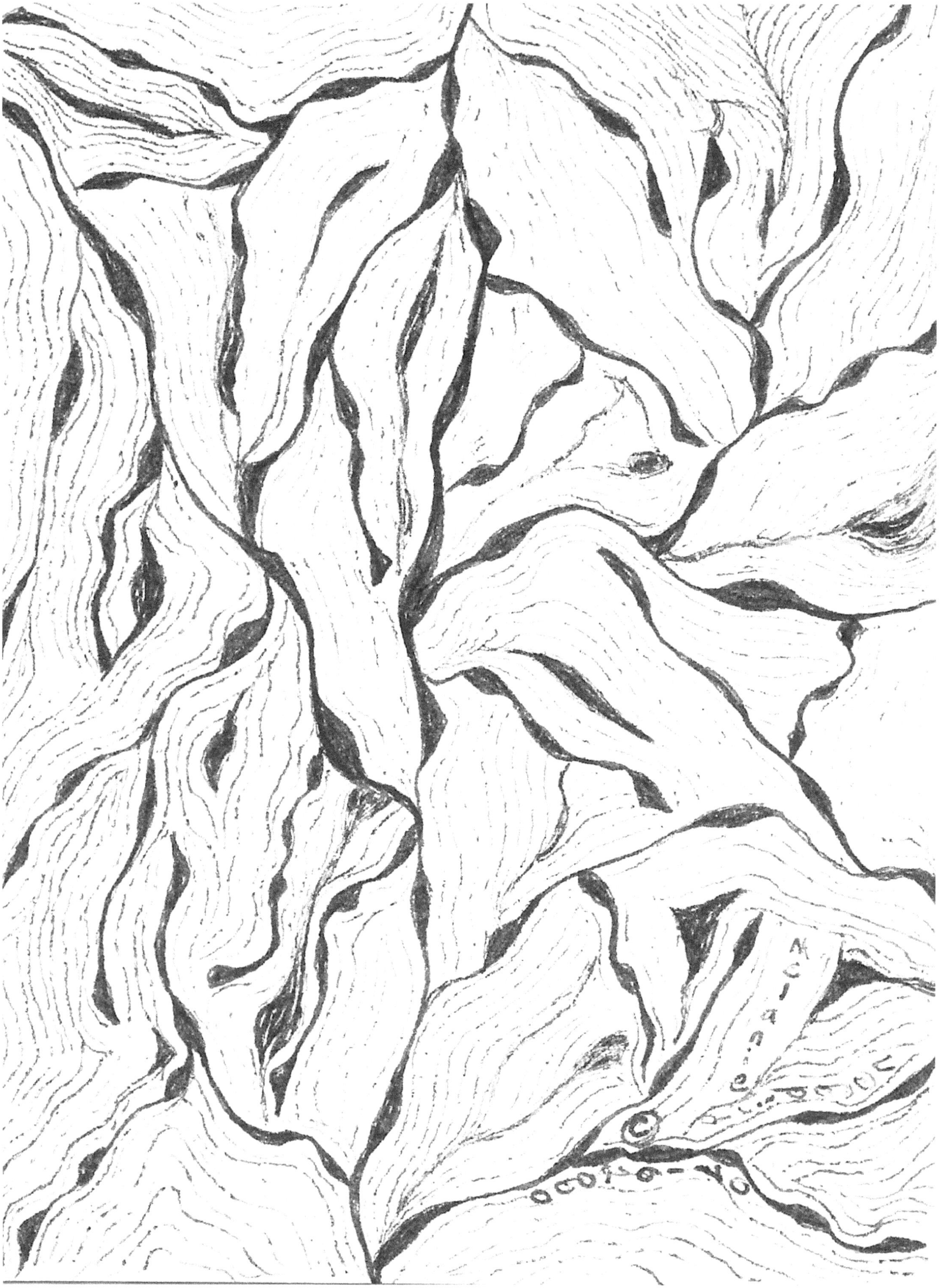

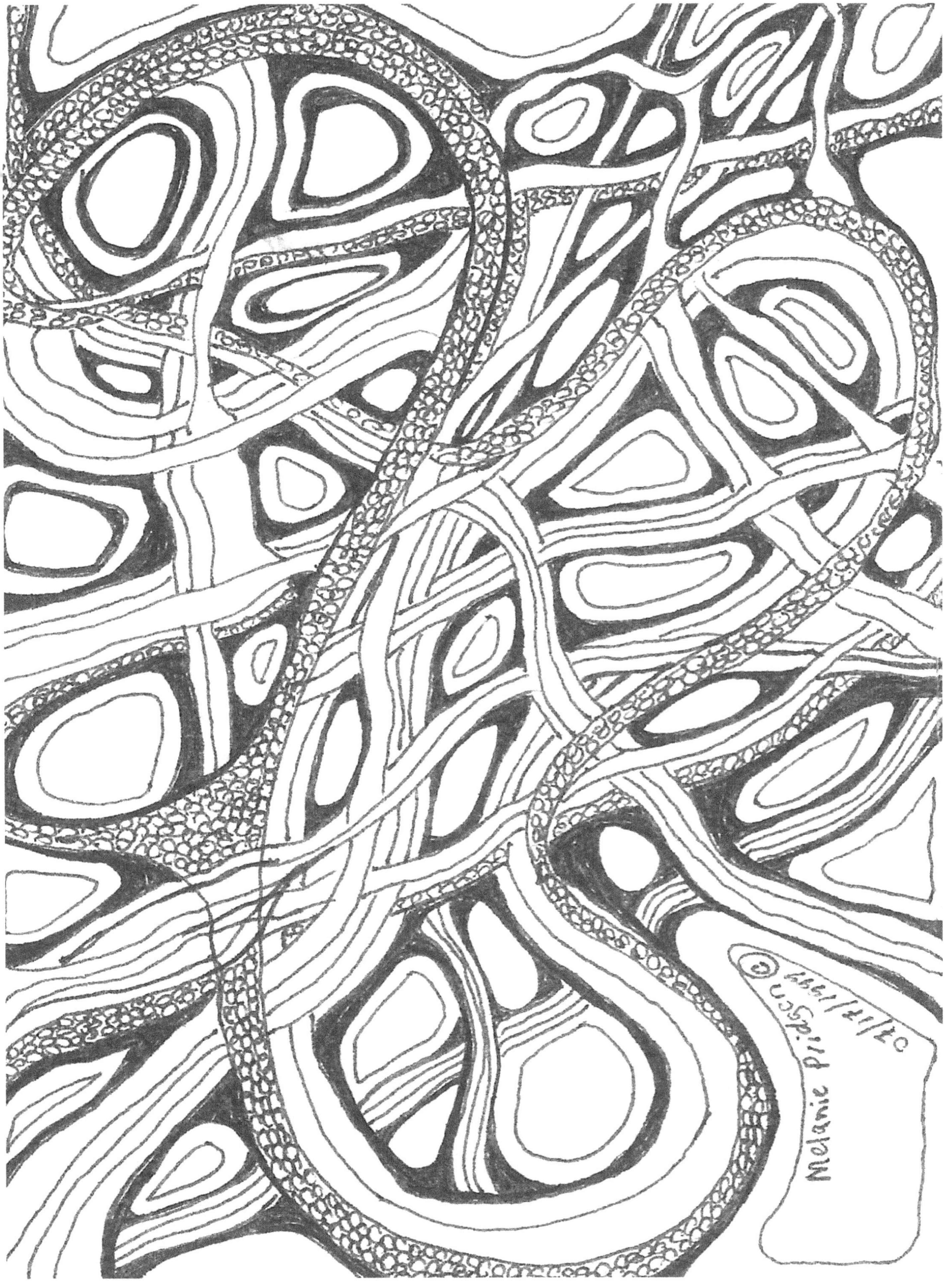
Melanie Pidgen © 20/11/1999

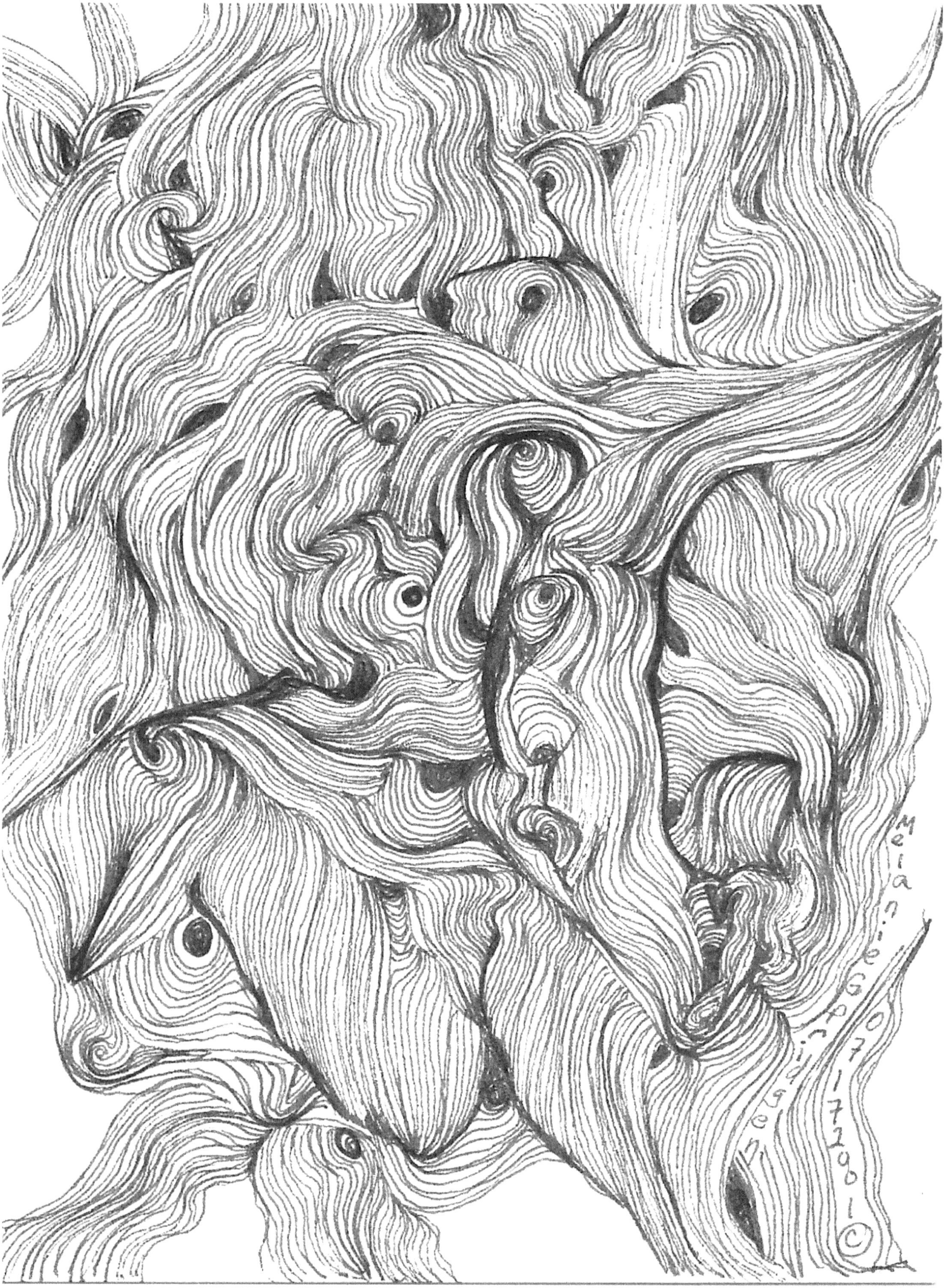
Melanie
07172001 ©

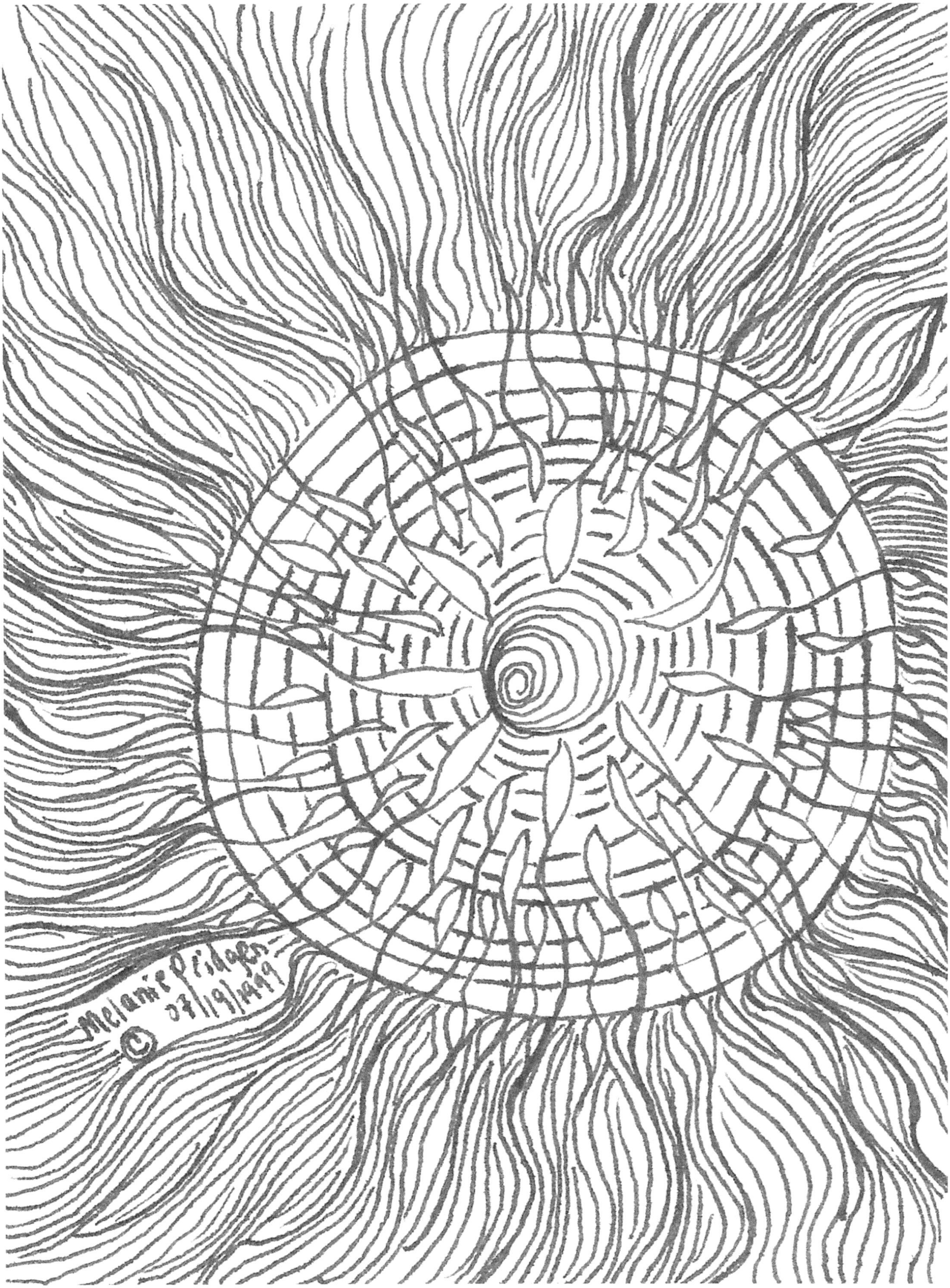
Melanie
© 07/19/1999

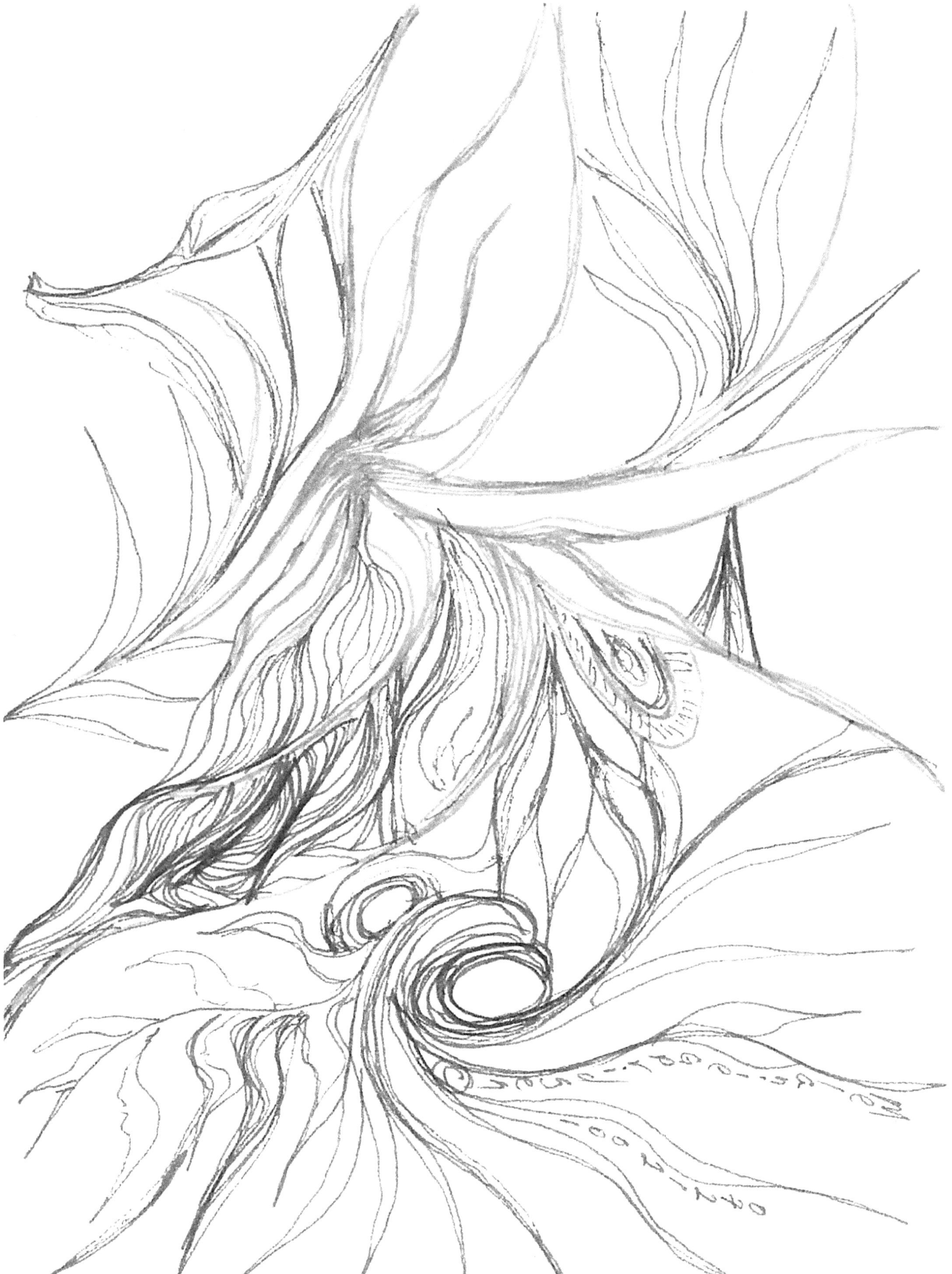

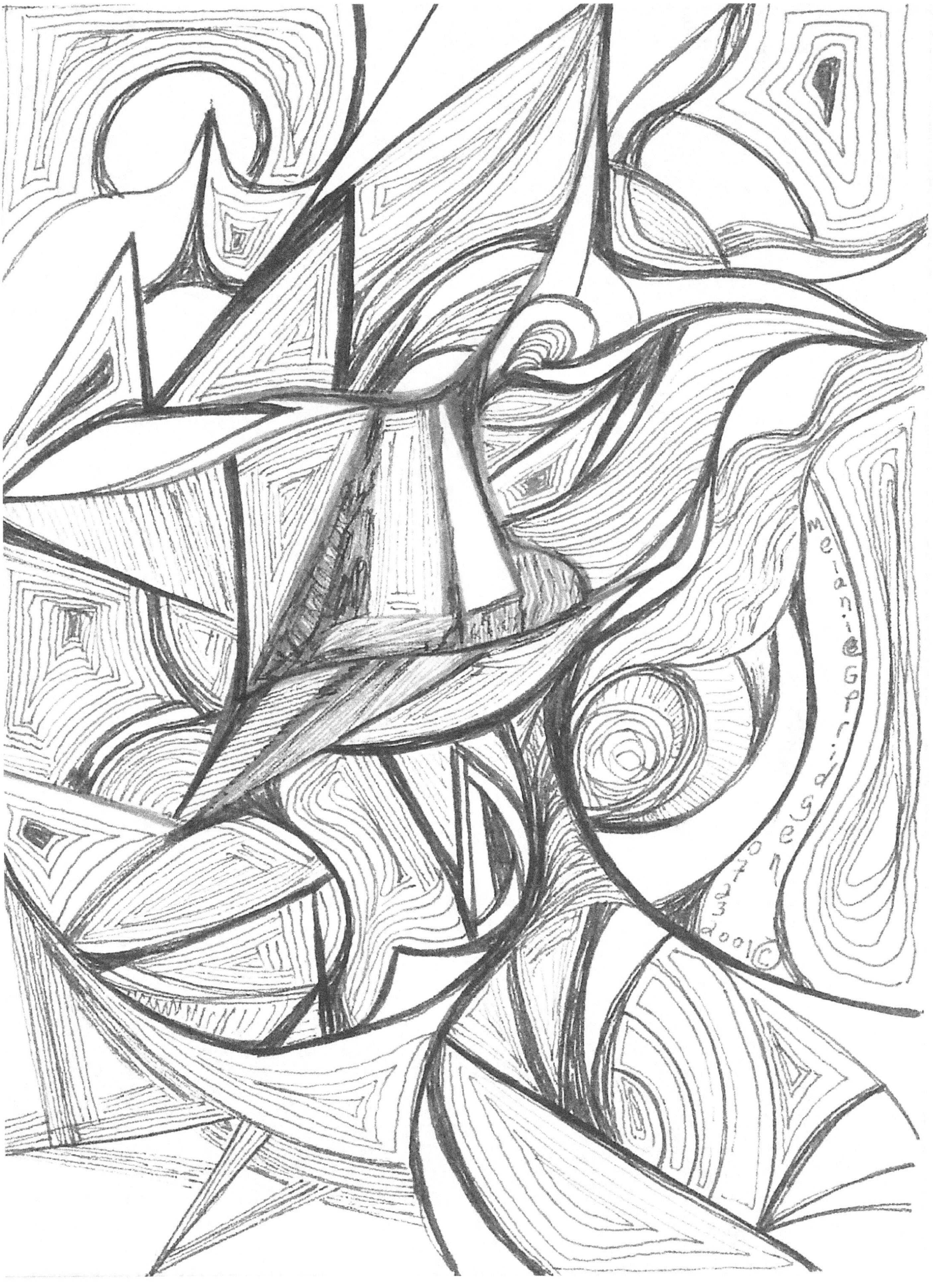

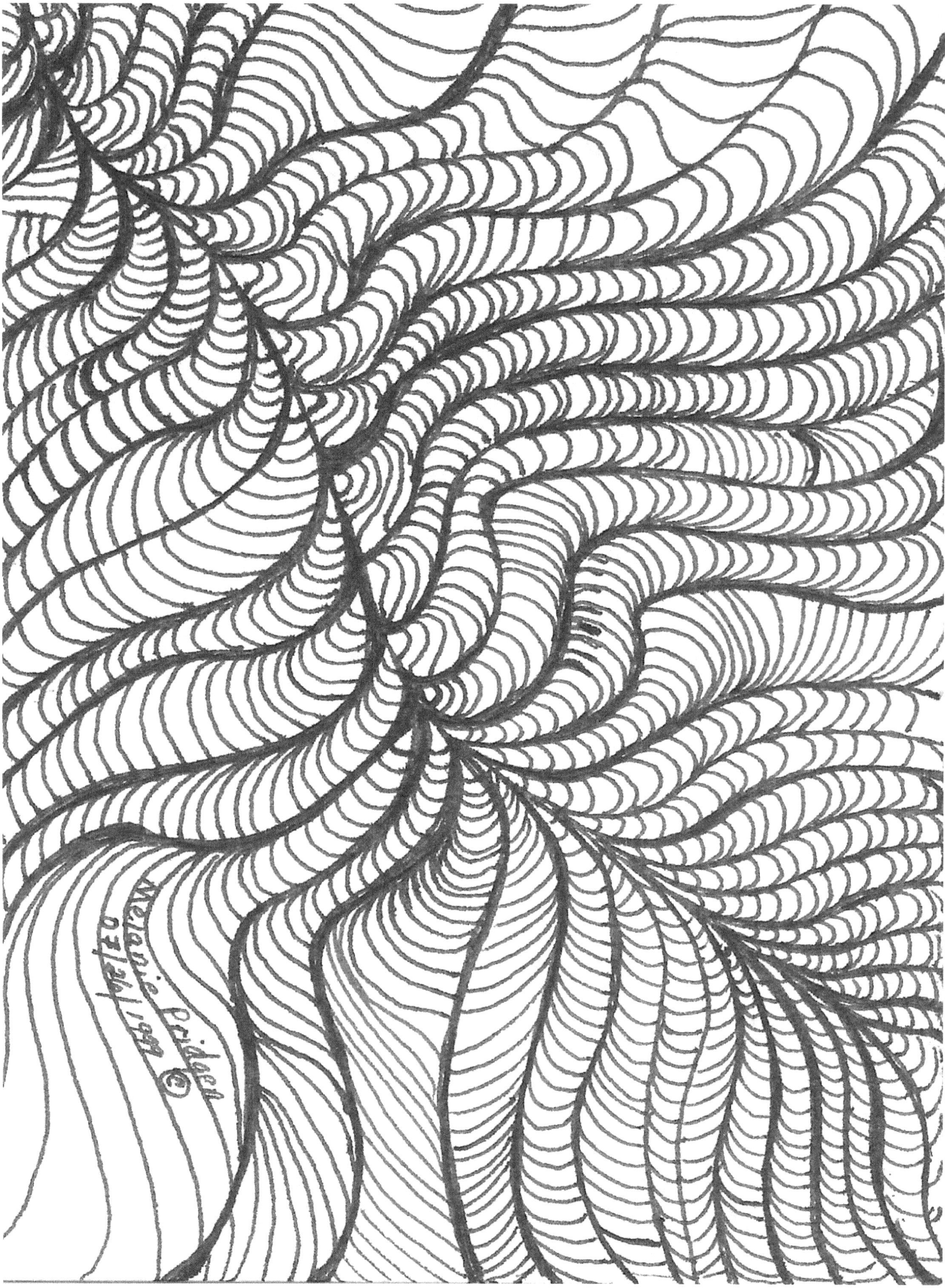
Melanie Pridgen
03/26/1999 ©

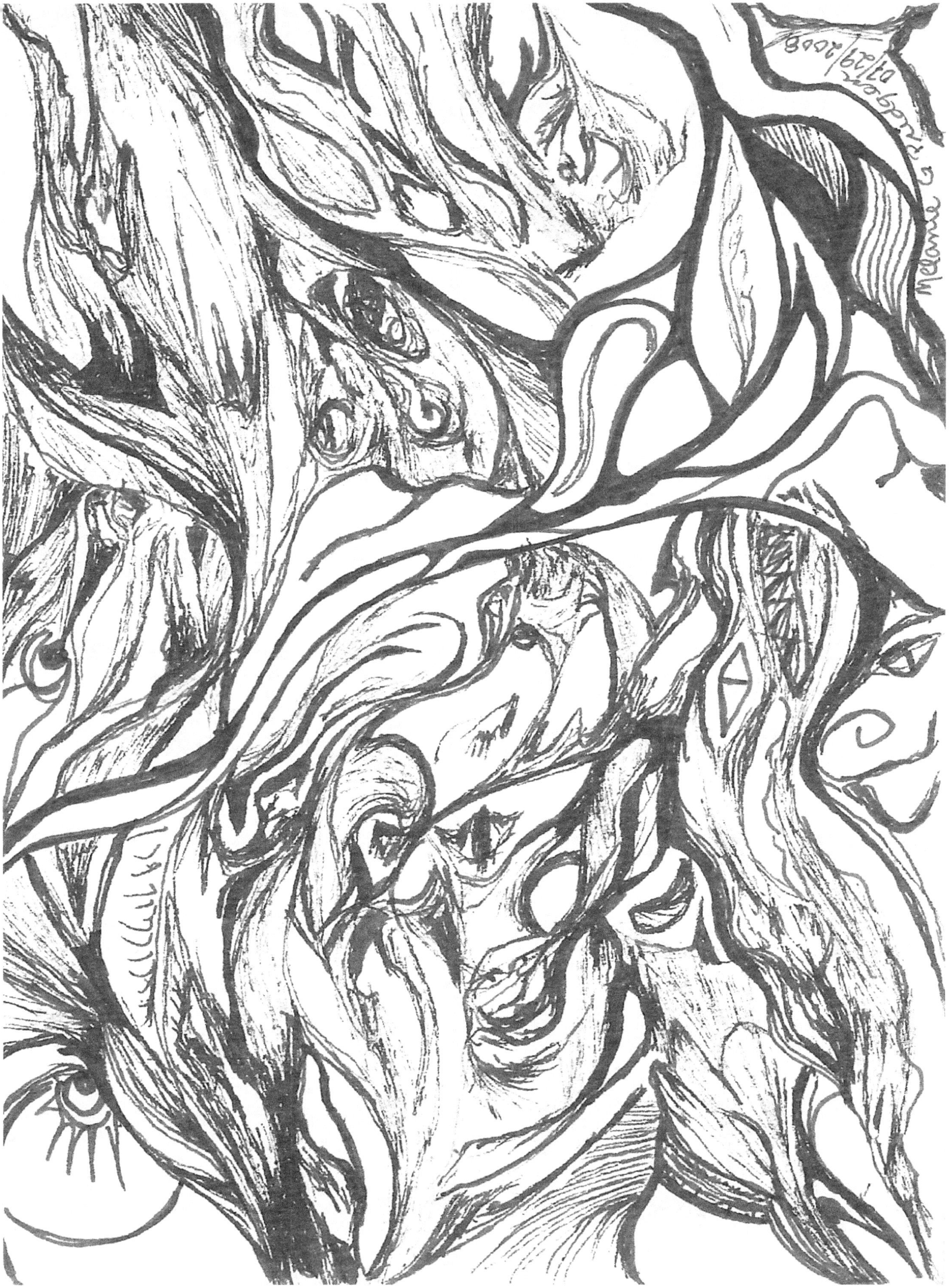
Melanie
07/29/2008

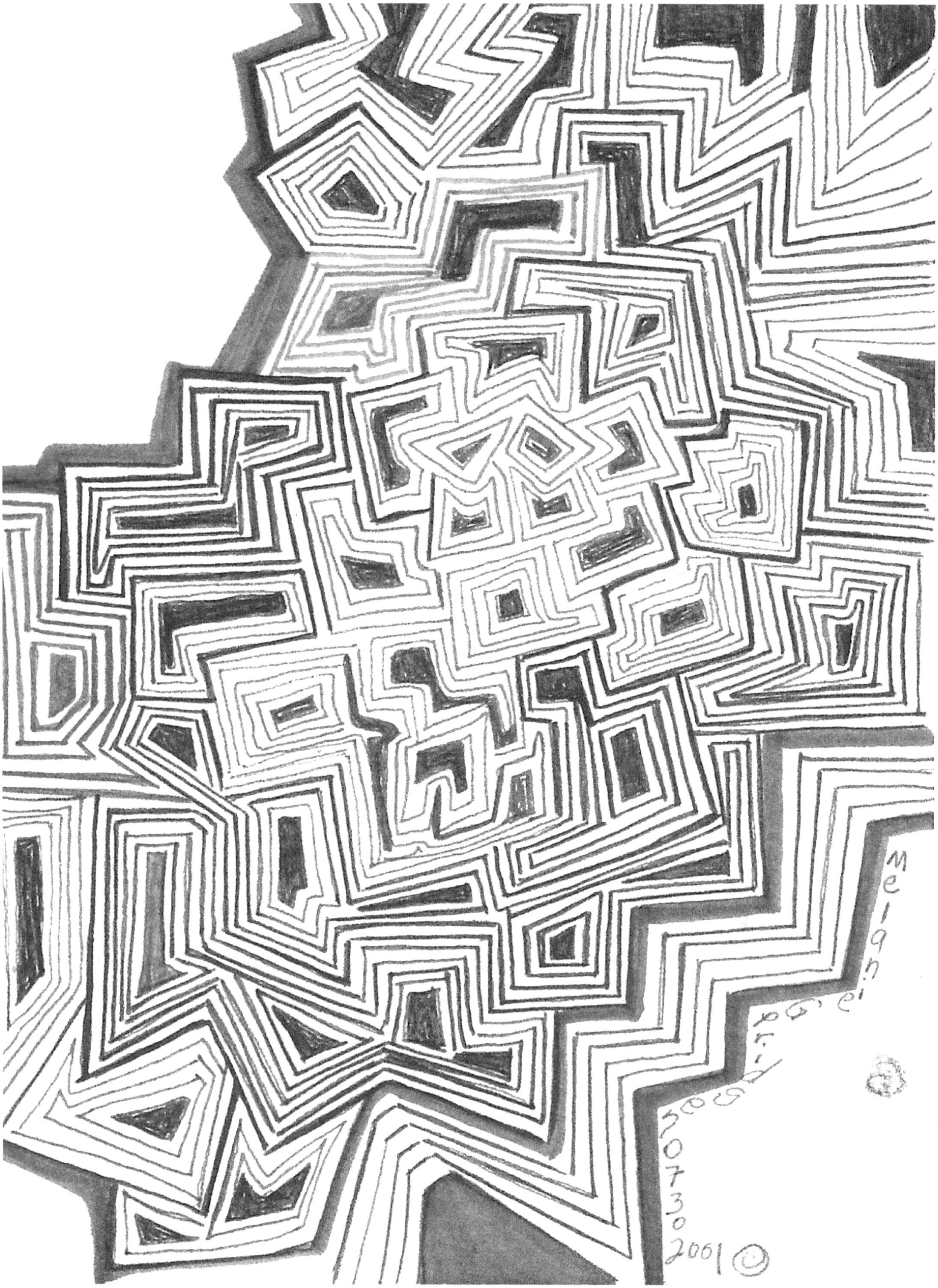
Melanie
2001

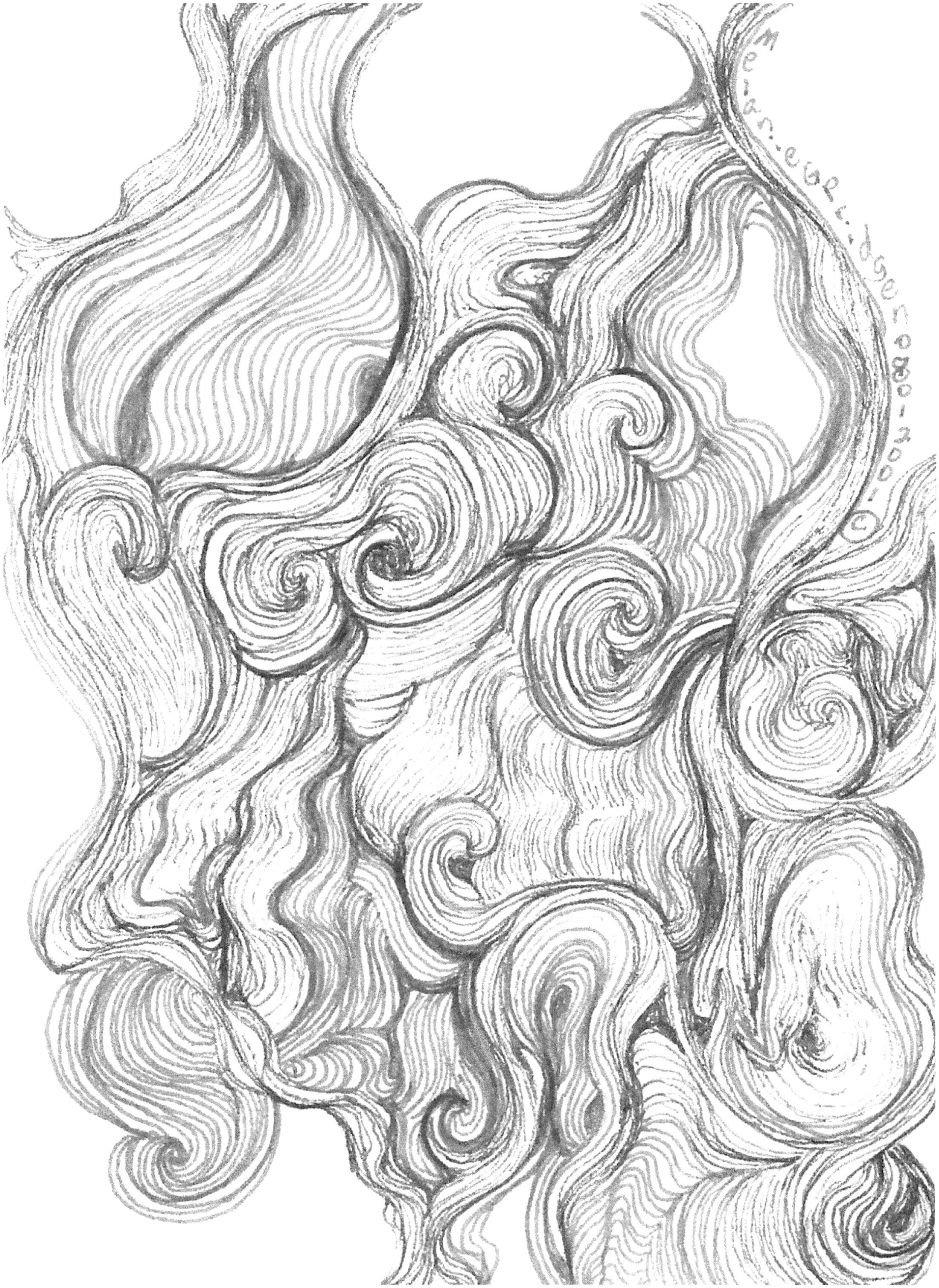

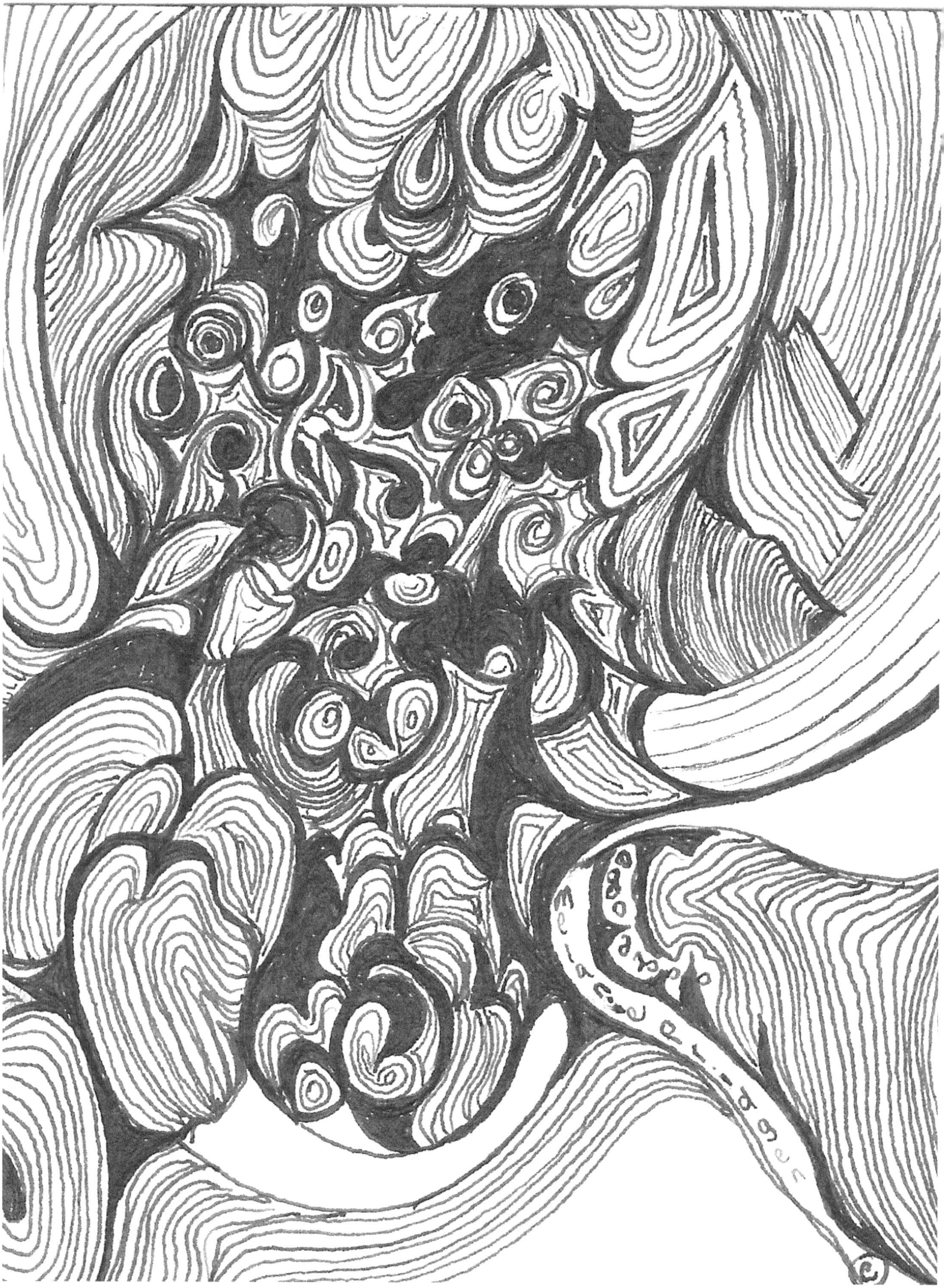

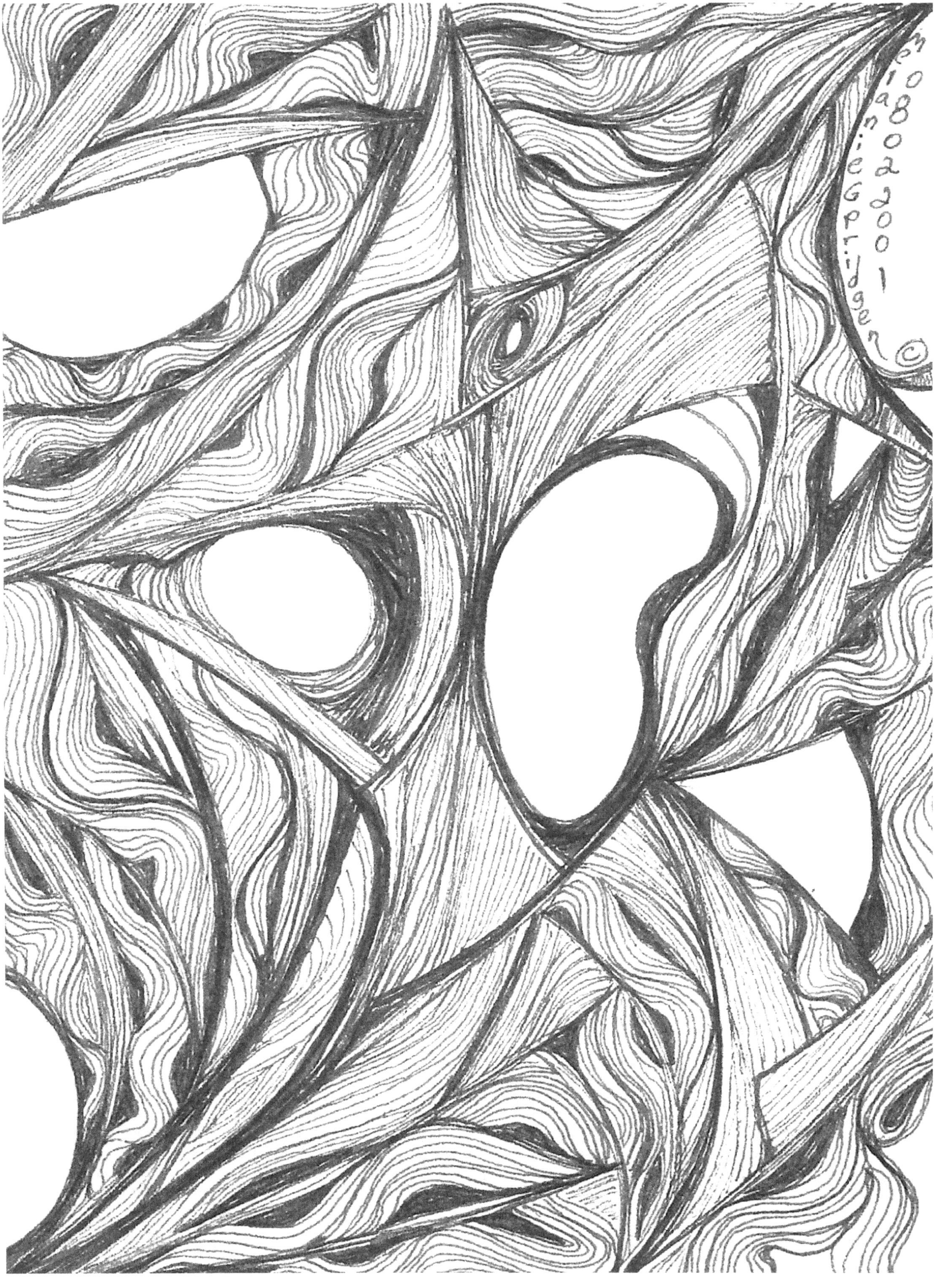
08022001 ©

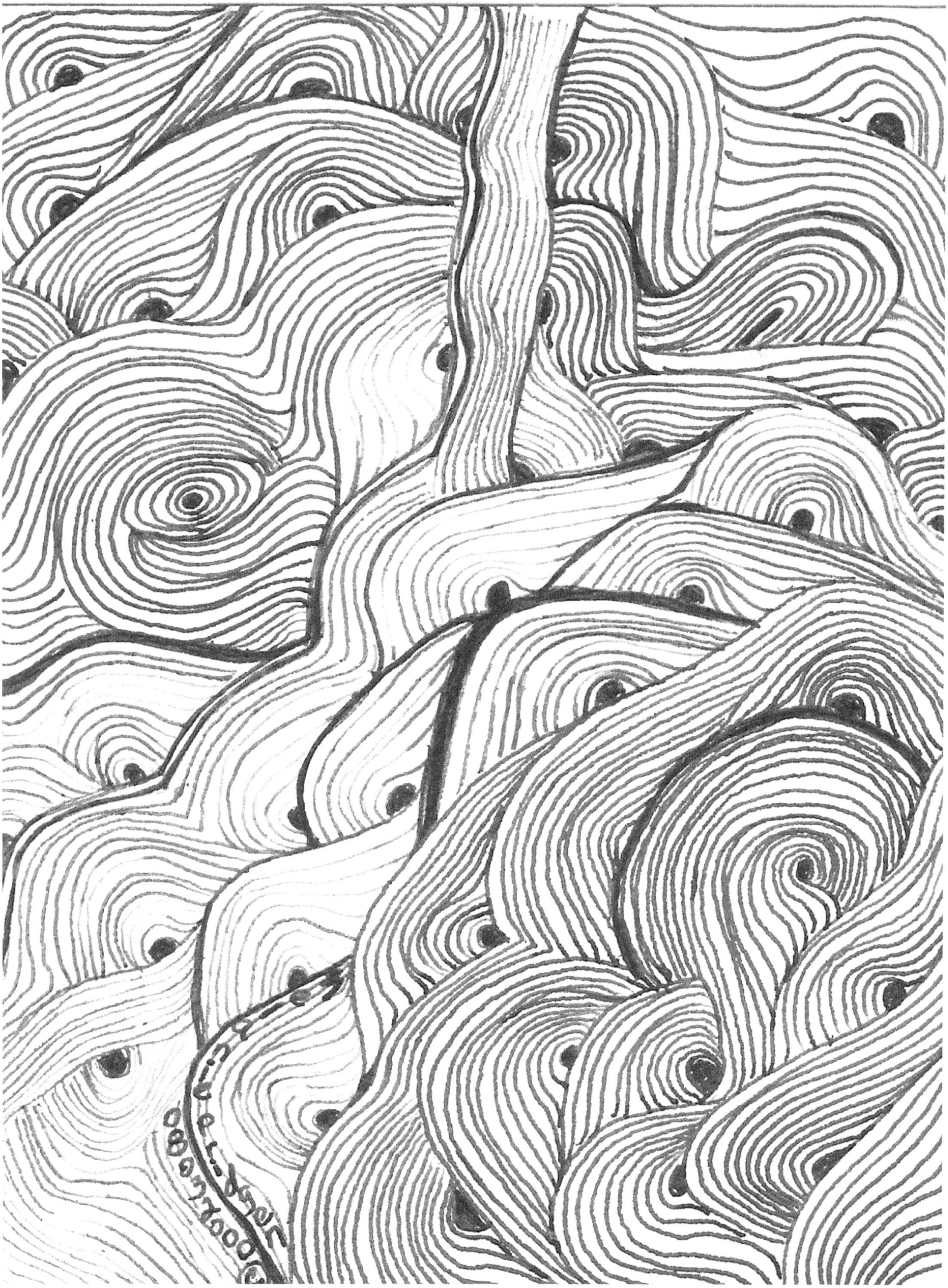

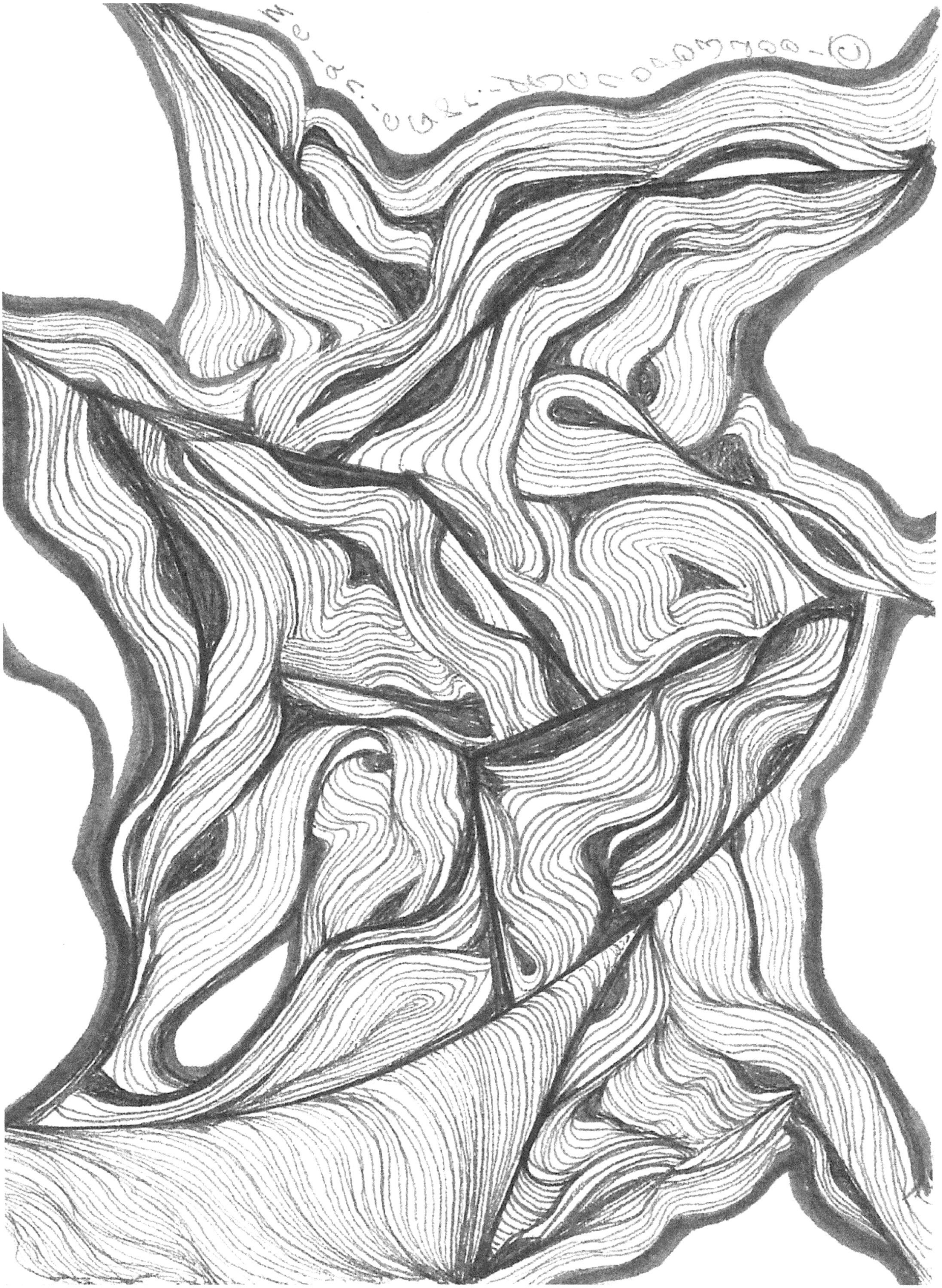

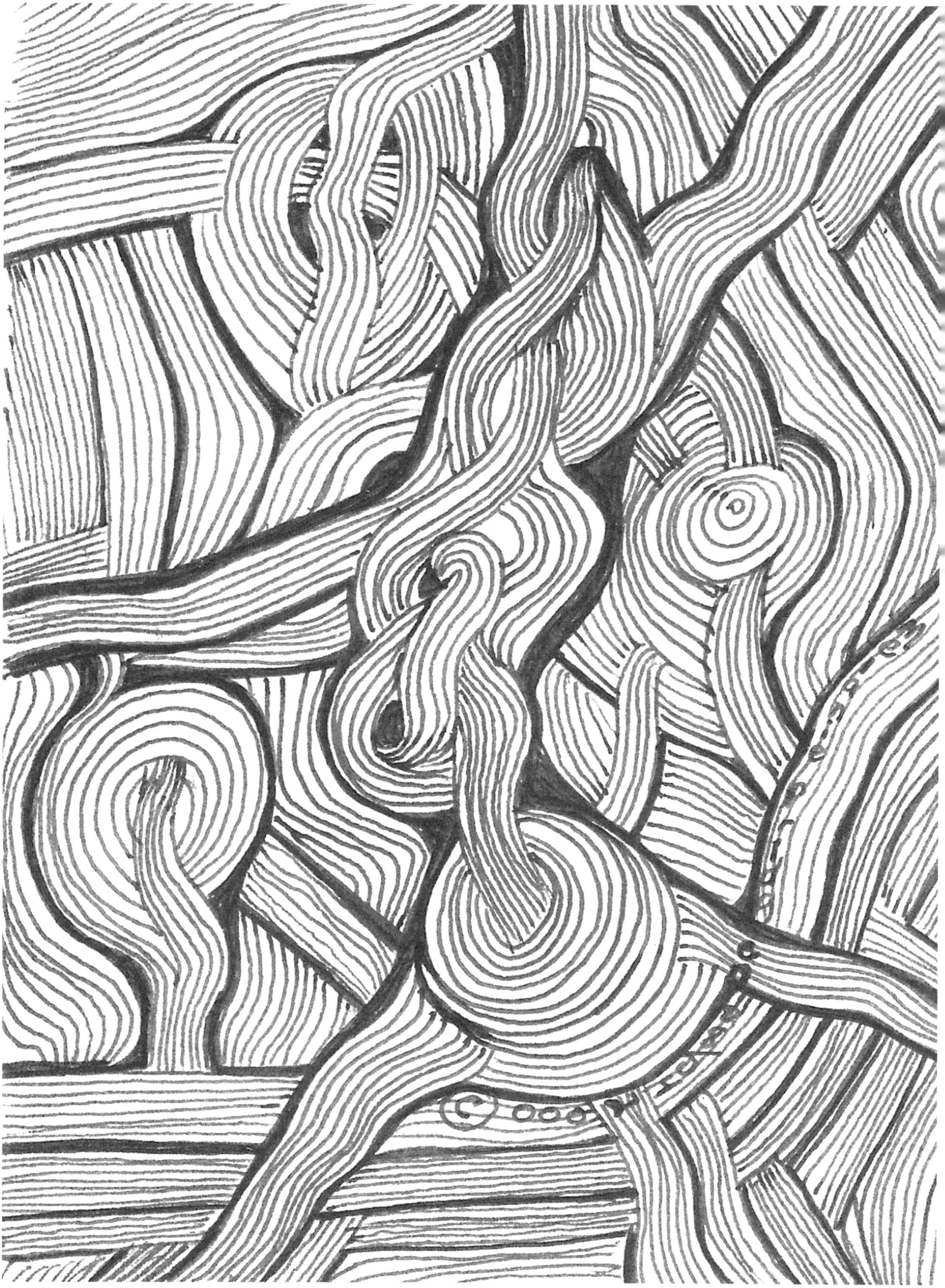

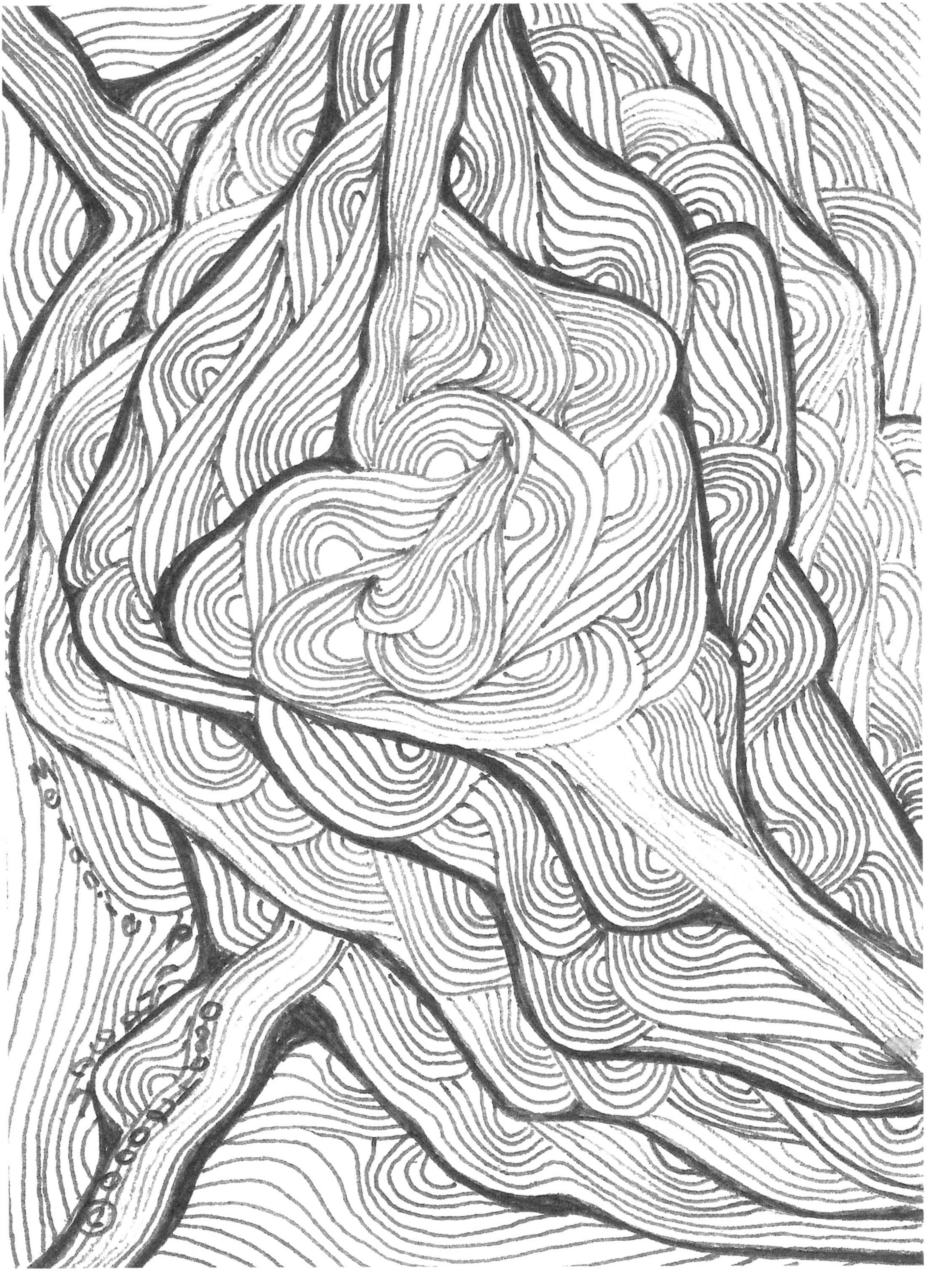

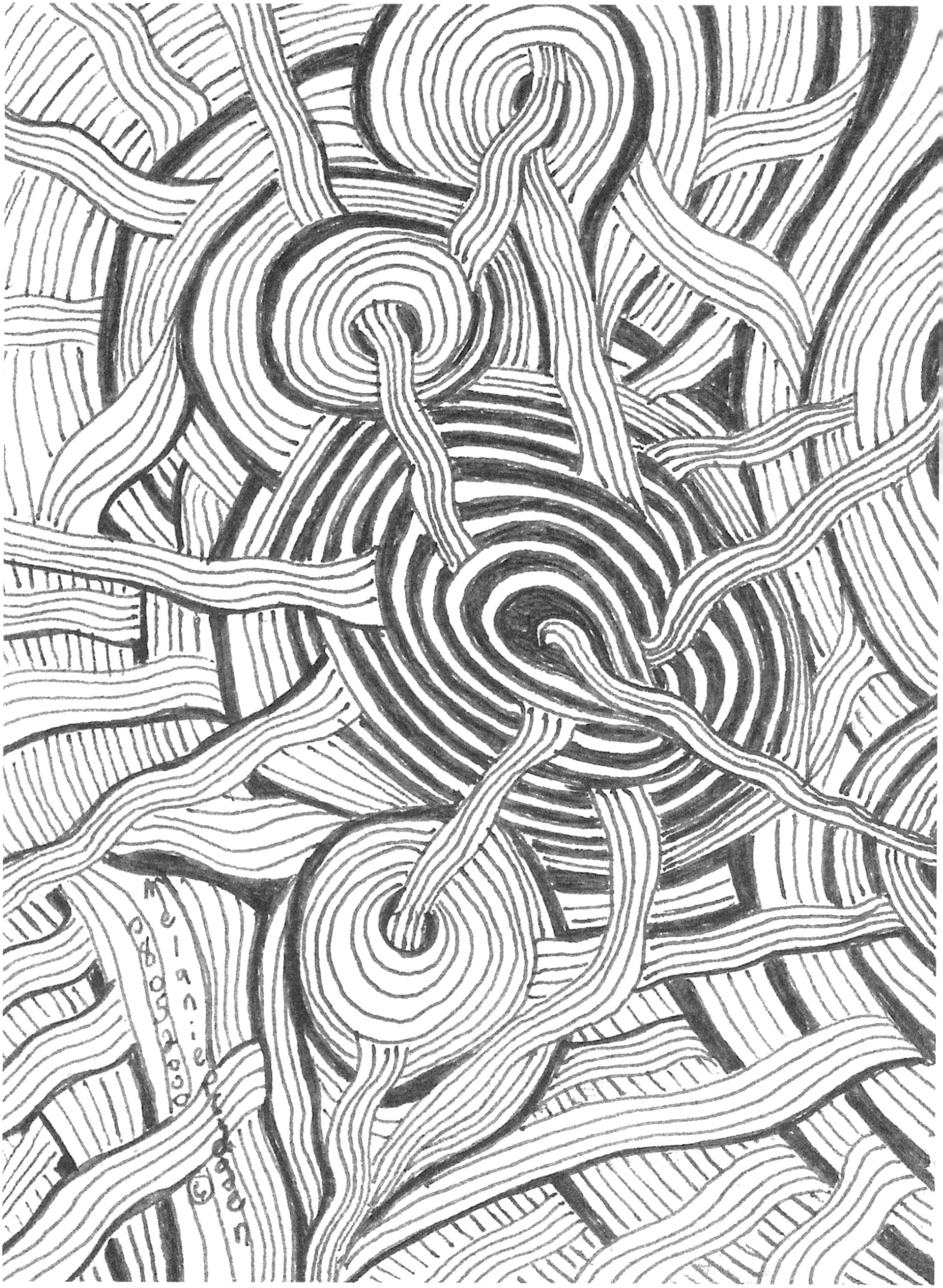

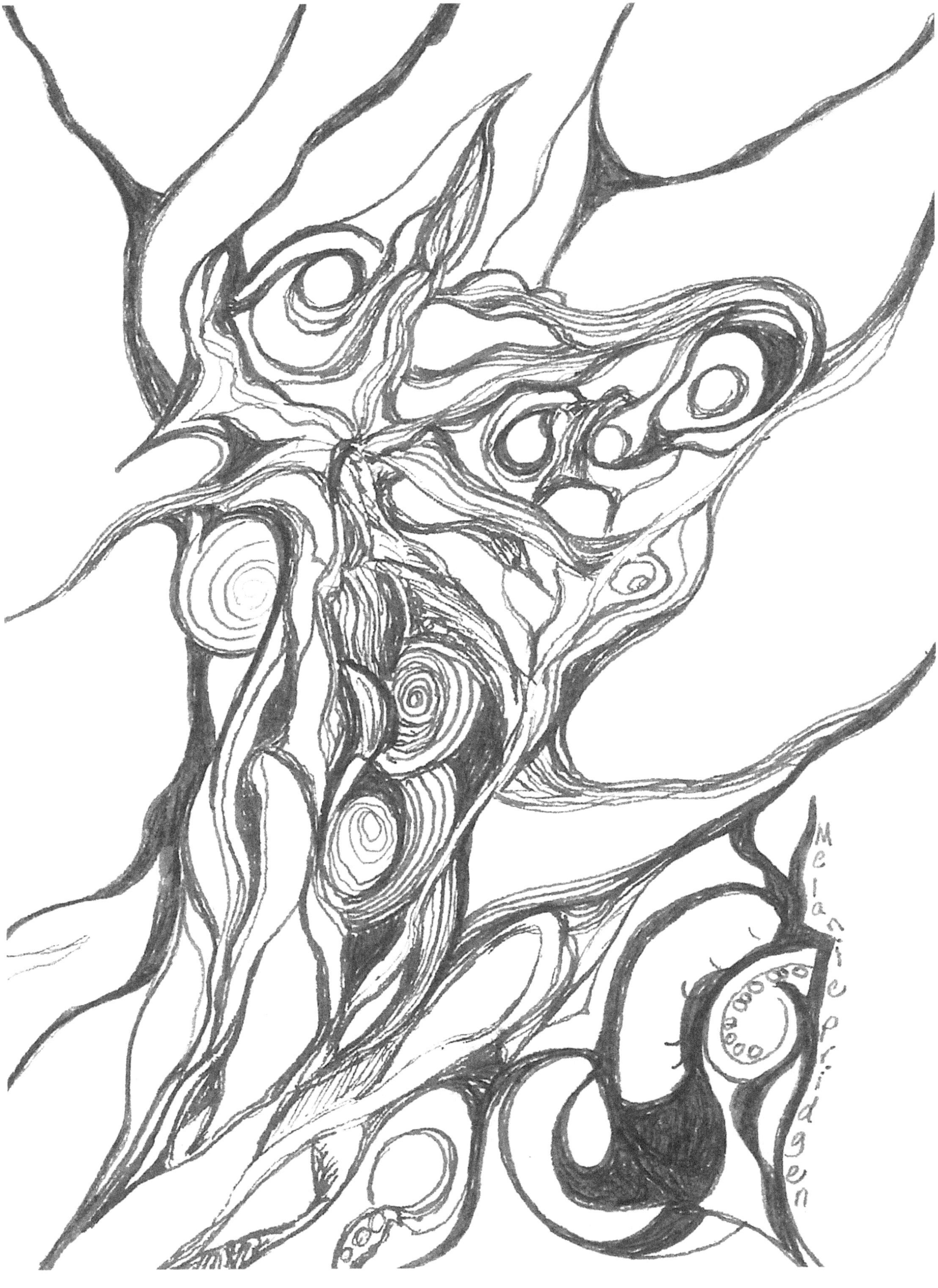
Melanie Pridgen

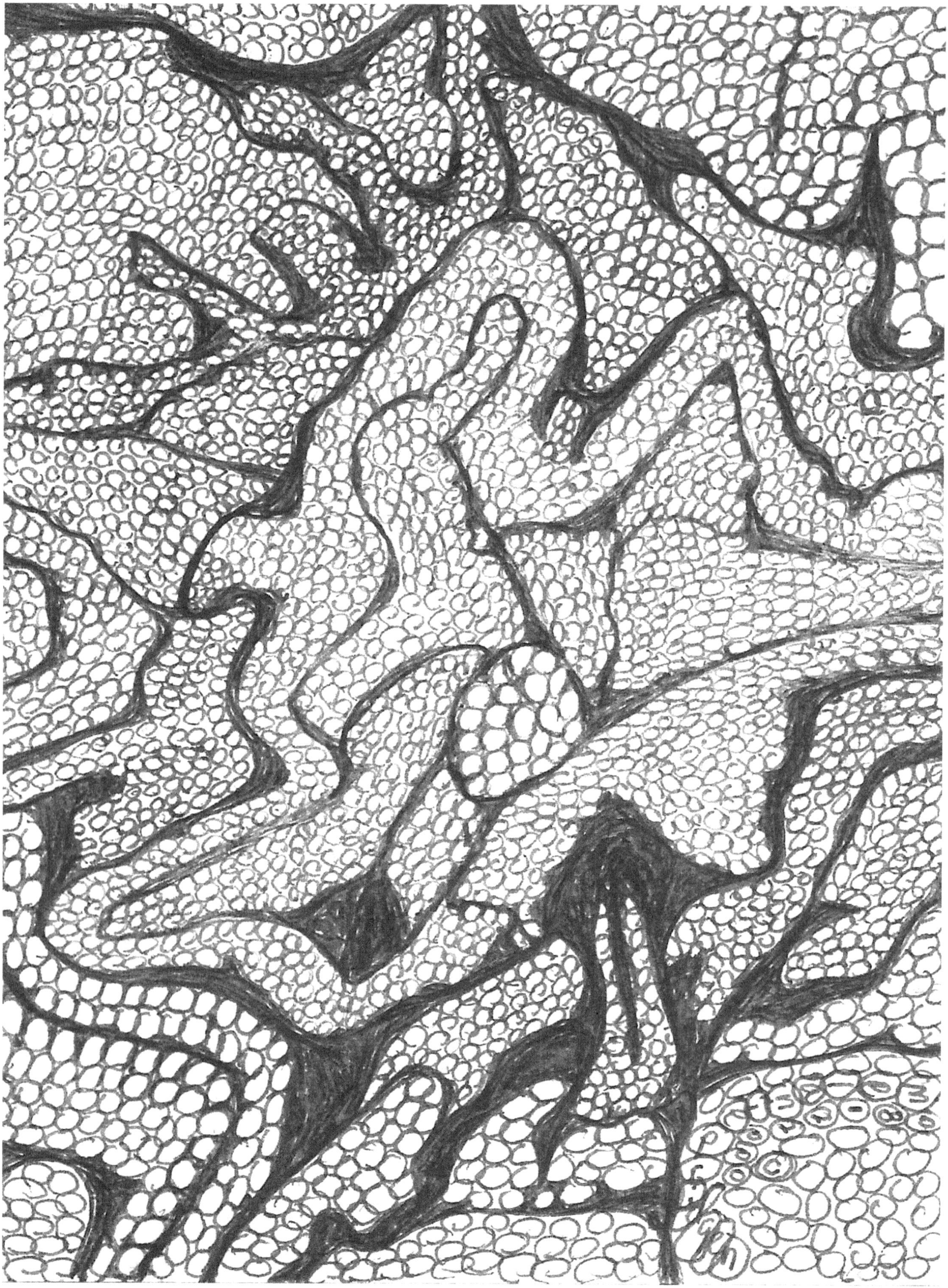

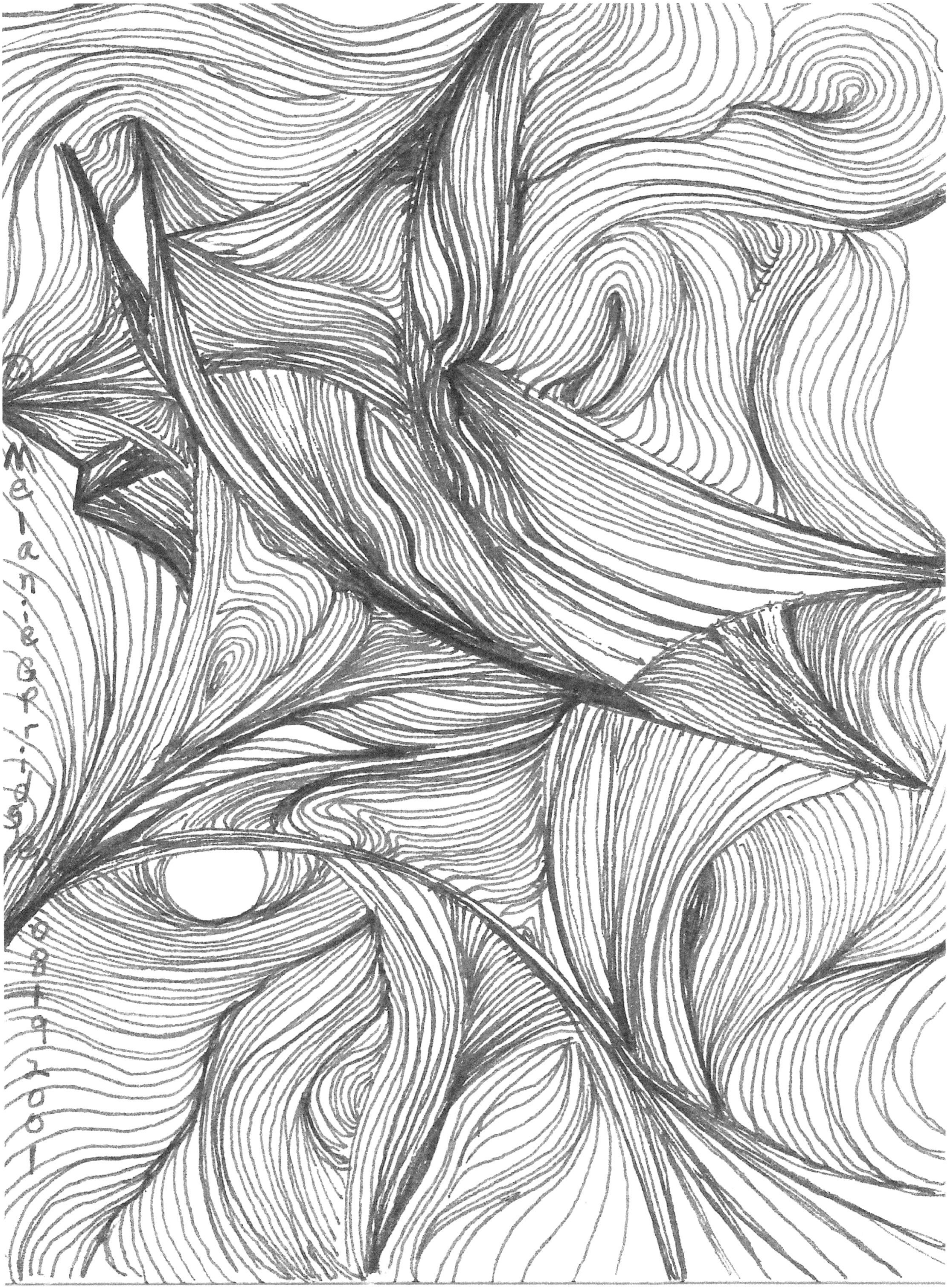
Melanie
08 19 2001

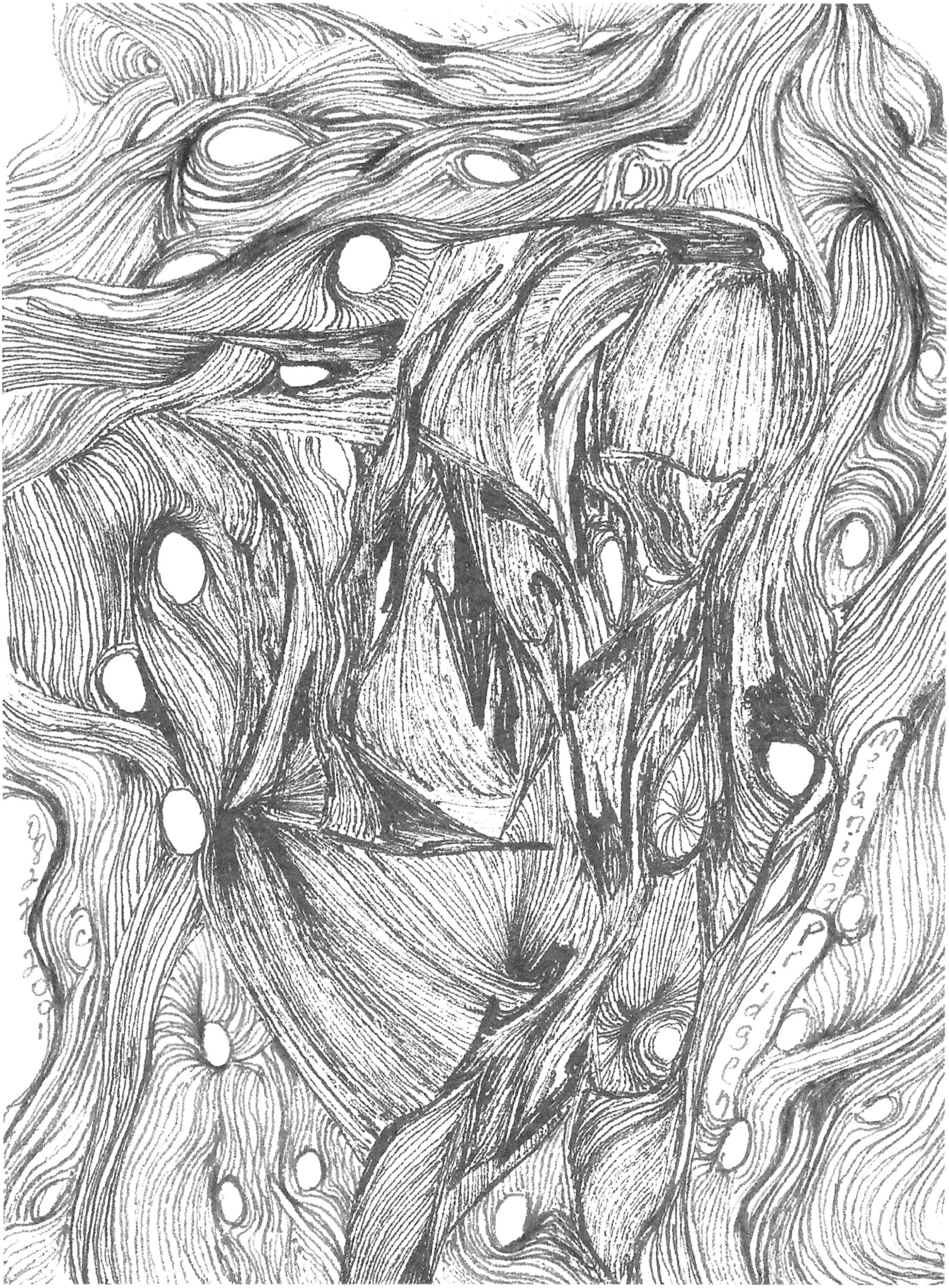

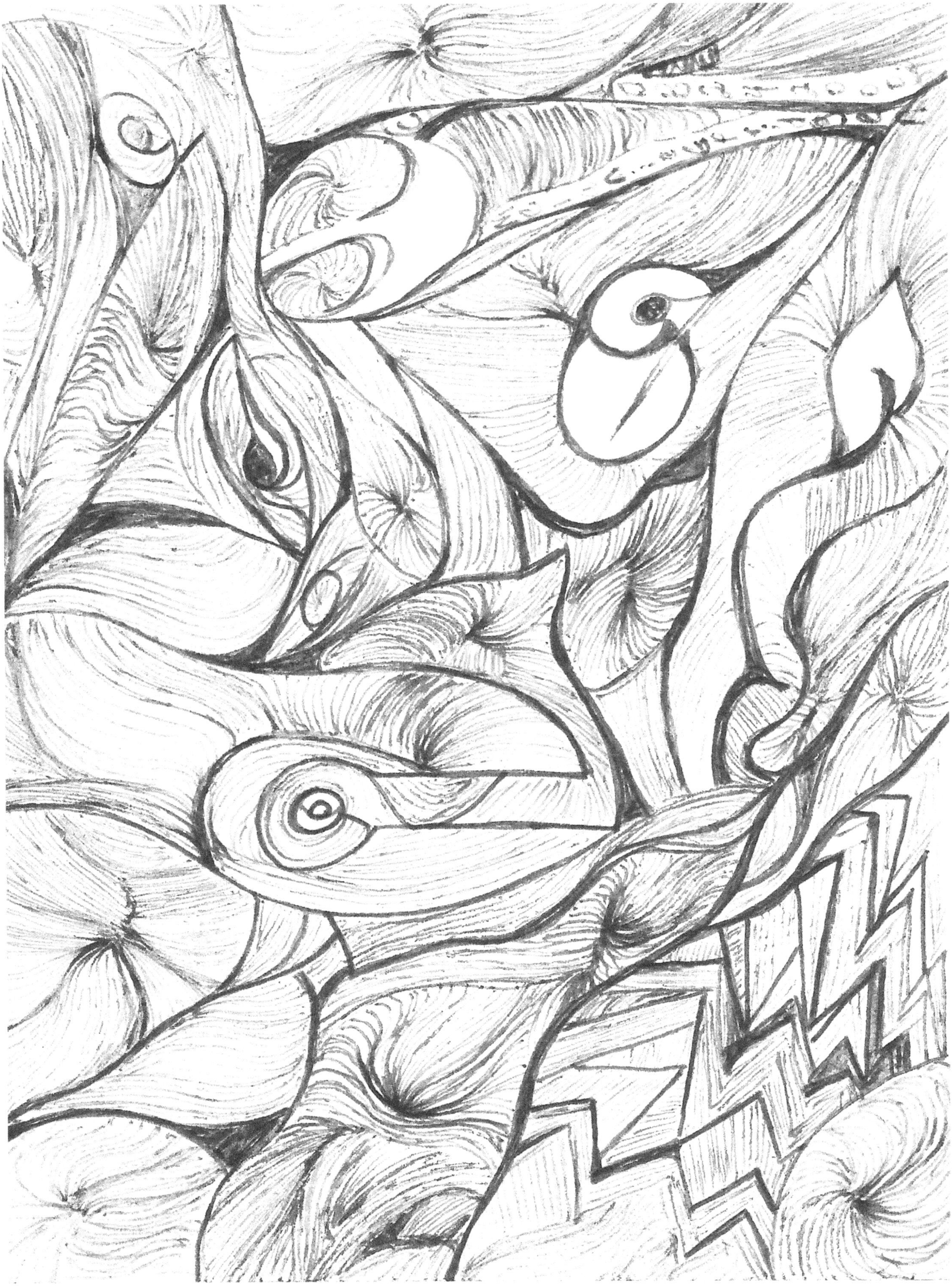

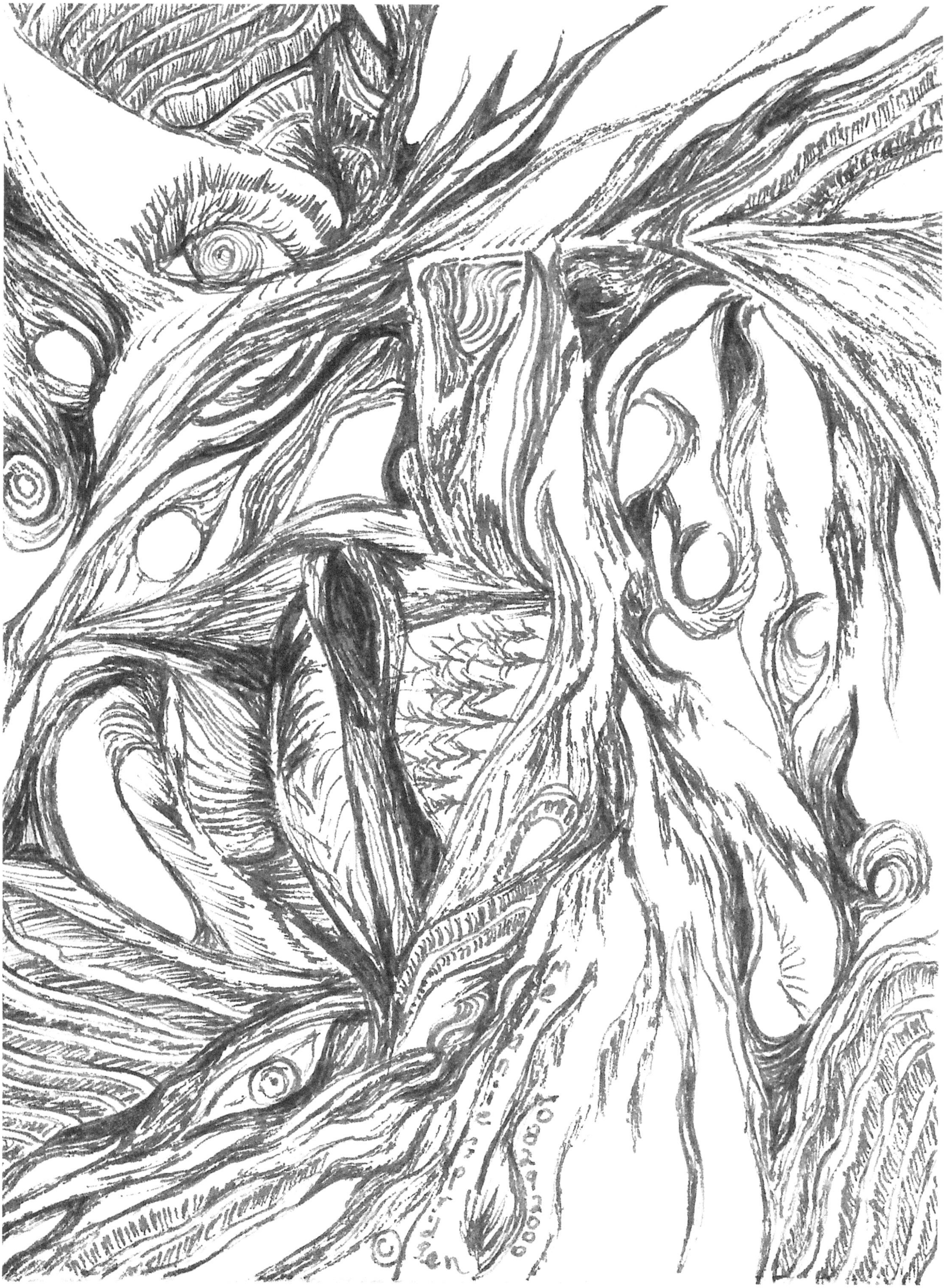

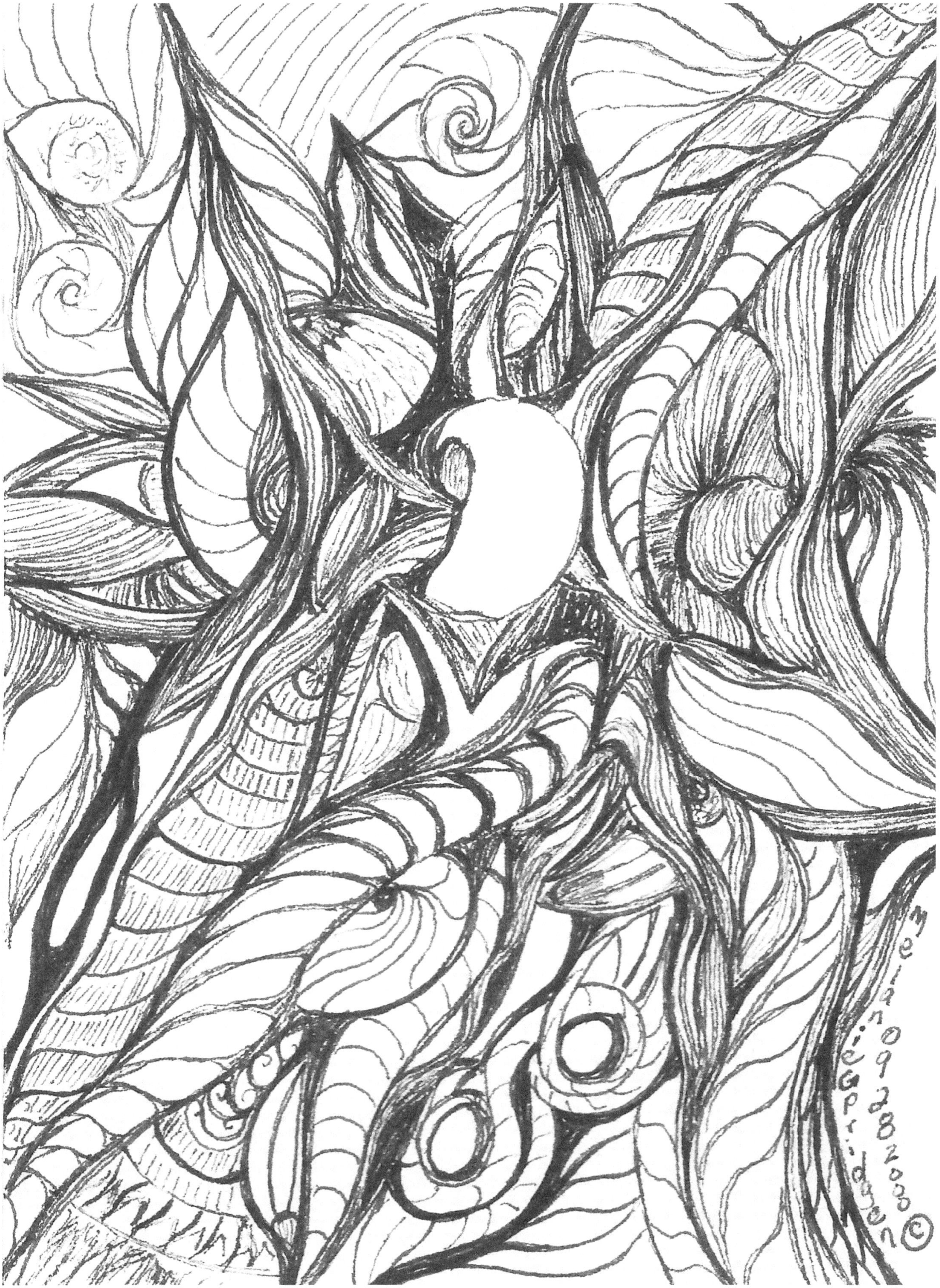

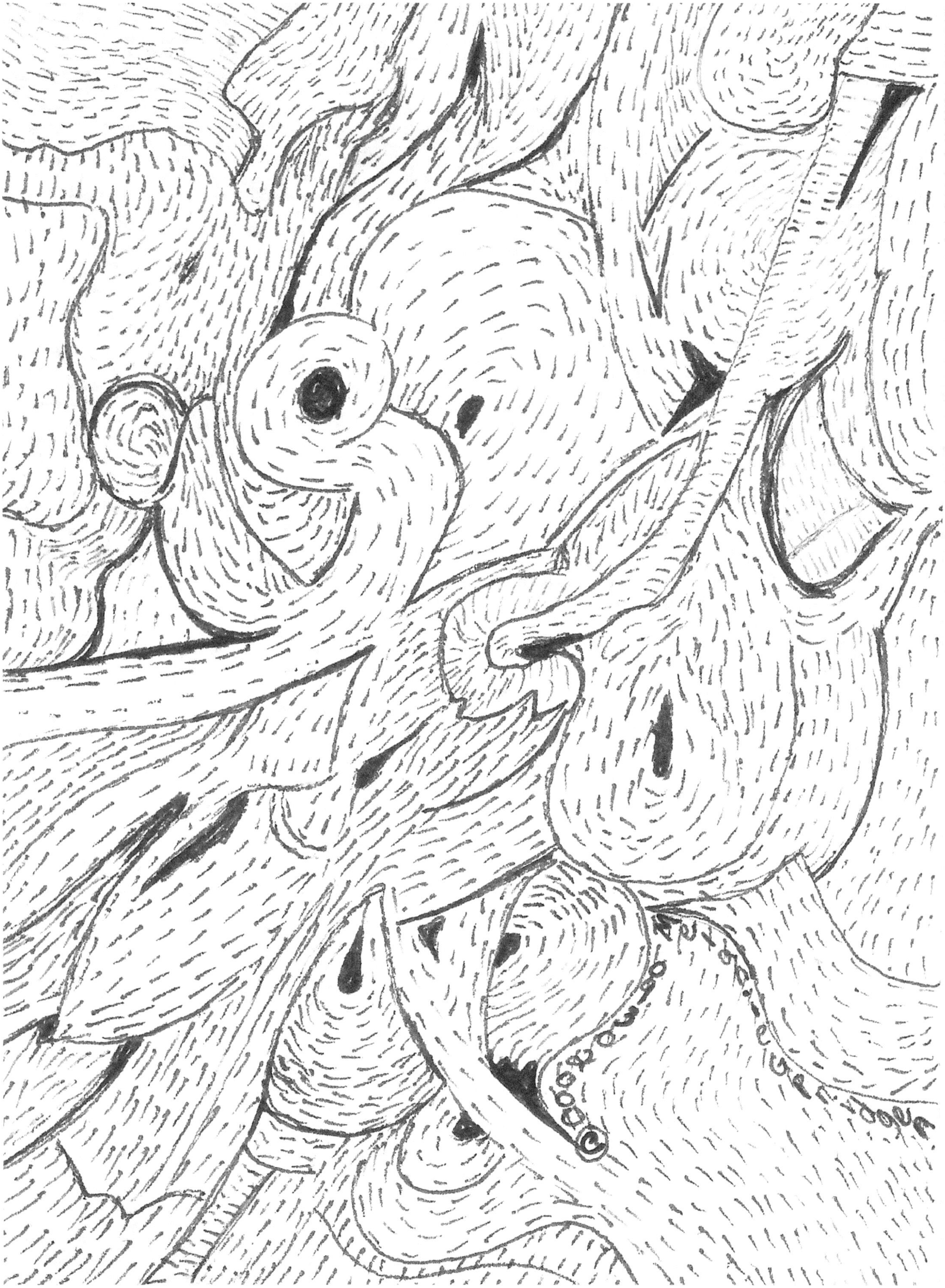

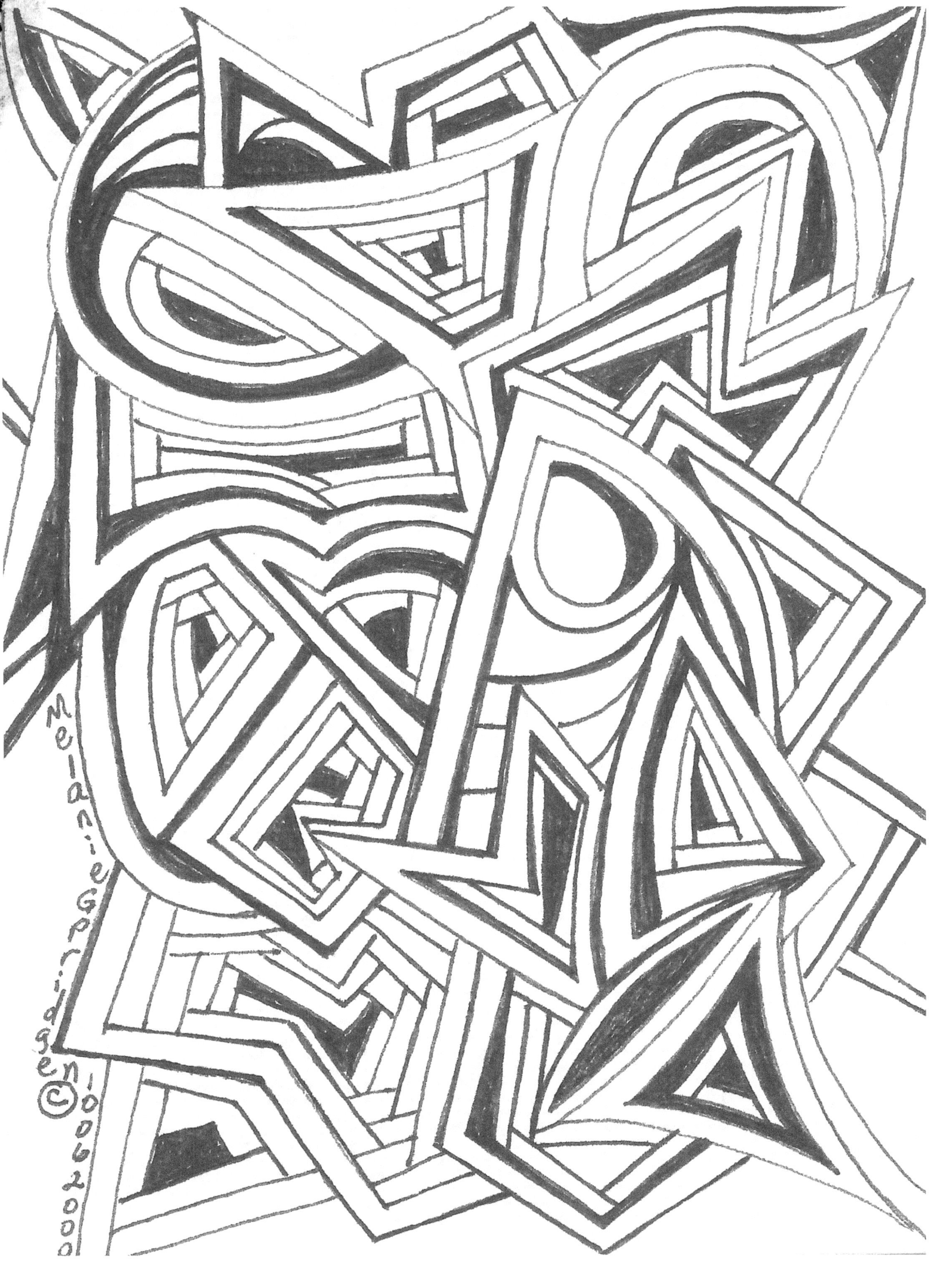
Melanie
© 10062000

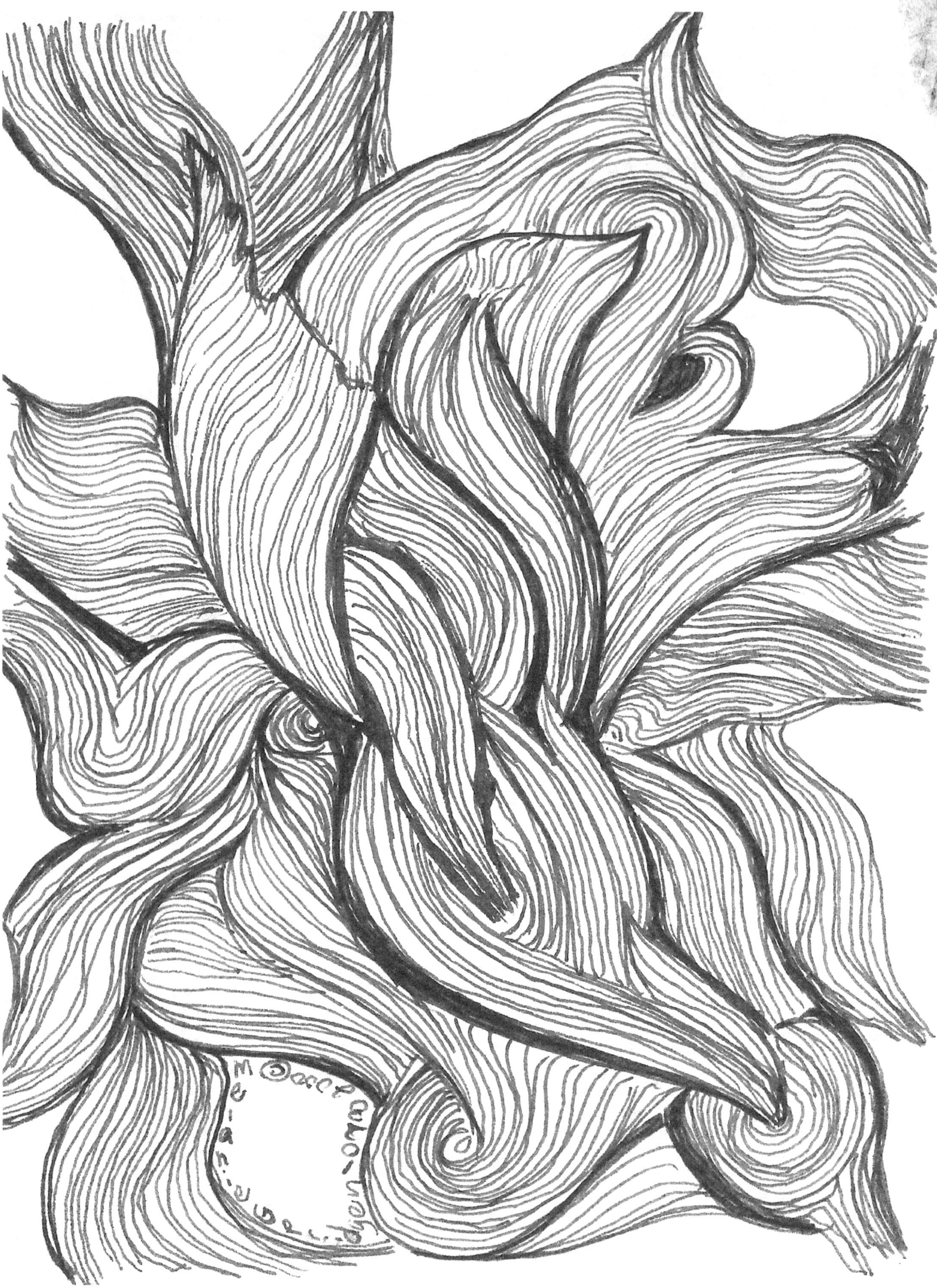

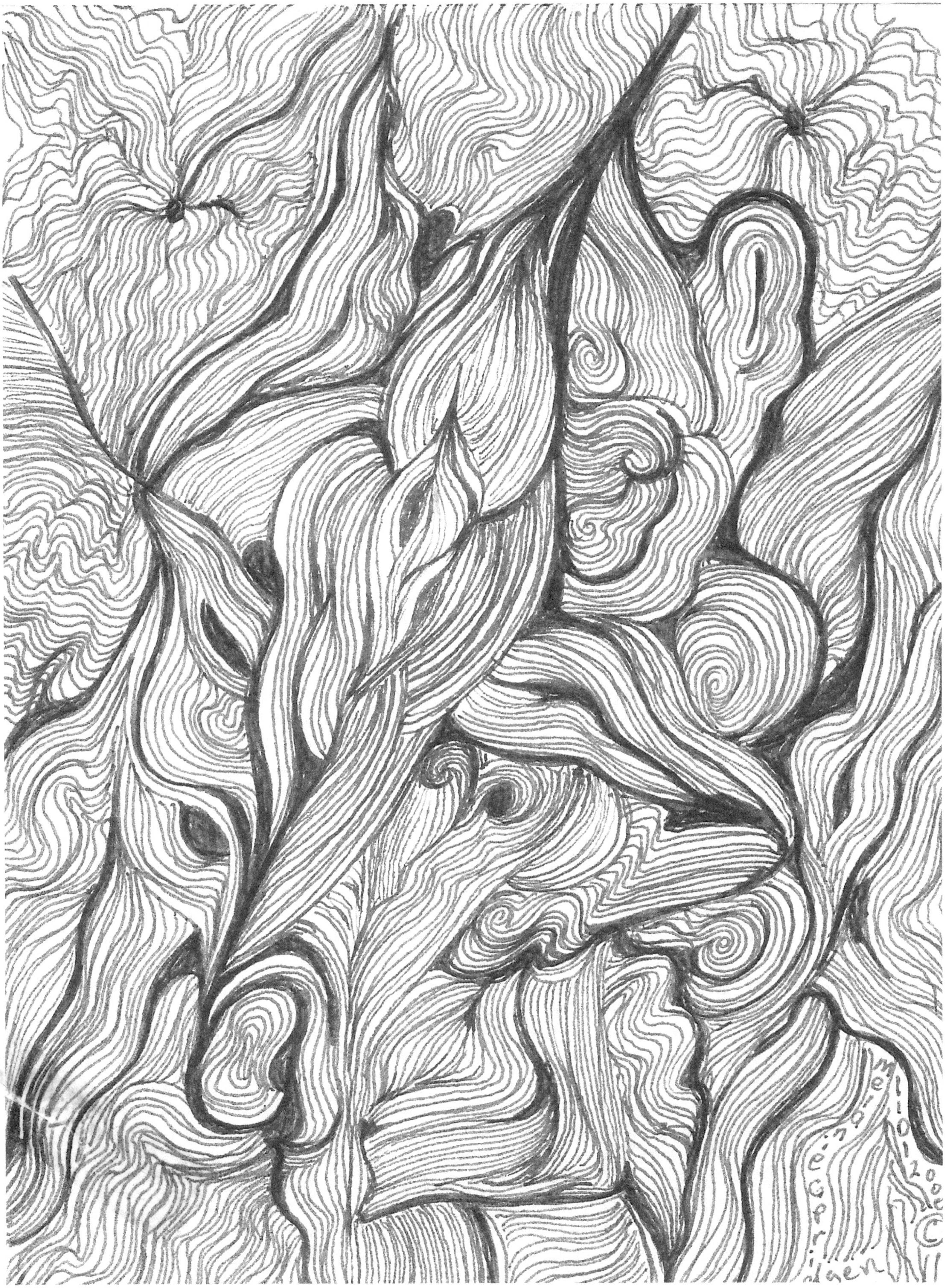

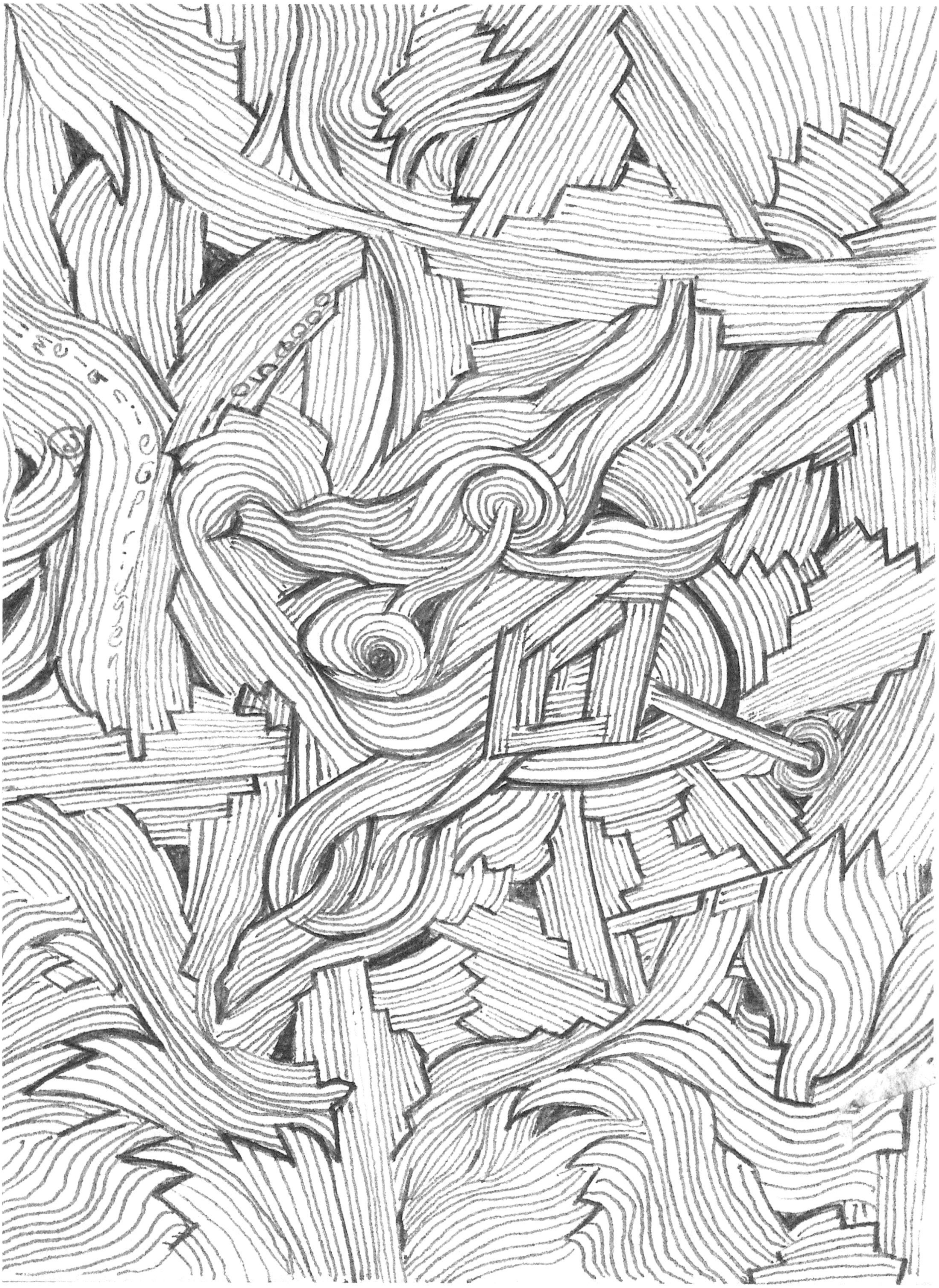